Weit weg, weg, verschwimmen entfernte Lichter

Lassen uns alle zurück, verloren in einer sich ändernden Welt

Und Du weißt, dass dies die Tage unseres Lebens sind

Erinnere Dich

(aus "Fading Lights" von Genesis, 1991)

WEIT WEG WEG VERSCHWIMMEN ENTFERNTE LICHTER

VON GERD STEINKOENIG

DAS WUNDER HEIßT GOTT (GERDs PHILOSOPHIE)

Unsere Erde fliegt präzise den Umkreis um die Sonne. Wir wissen genau über den Sommer/Winterwendepunkt. Das Sonnensystem - so klein wie Fliegendreck, hat trotzdem viele Millionen km) hat präzise die Planetenbahnen mit diversen Atmosphären, Monde, Asteroiden. Das Weltall hat zig Universen mit zig Sonnensystemen, mit zig Planeten! Natürlich sind da Lebewesen. Gott = Weltall! Auf der Erde sind aber

Menschen mit vielen Göttern und es gab viele Kriege. Oder diese kleinkarierten Nationalisten: natürlich Kriege! Gott beobachtet und nur die Menschen sind Schuld wegen Übermacht, Geldgier, baldiger 3. Weltkrieg. Die Erde, Natur, Tiere leben weiter, wenn Menschen ausgerottet sind (aus degenerierten Egoismus). Im Himmel sind die Seelen von Dinosaurieren, Menschen und dann die zukünftige Nr 1-Lebewesen. Wenn ich irgendwann wieder irdisch lebe, kann ich ja in einem anderen Planeten leben - denn Gott = Weltall!

C P Gerd Steinkoenig Gerd Stein Gerd's Katze Molly hat ihre eigene Seite Bilder, Weisheiten, Sprüche by Gerd Steinkoenig 26.12.2024

Gestern um 12:55 ·

Mit Deine Freunde und Gerds Freunde geteilt

MENSCHEN VERGESSEN...

die Vergangenheit, Zeitgeister, Propaganden, "Idole"! Von der Gegenwart wird es zu neuen Zeitgeister, Propaganden, "Idole"! Was wird 2040 sein? Sind ja nur 15 Jahren - und ich wäre dann 80... Immer weitere "Fortschritte" im Internet (besonders Tik Tik, You Tube) zum Bundestagswahlkampf am 23. Ferbruar 2025 - mit "Mr. Blofeld" Elon Musk (Einmischung und Beleidigungen über Deutschland), Alice Weidel (AfD-Kanzlerkanditatin), weitere obskure Propagandamedien mit viel Lüge (immer Hardcore-Bashing für Olaf Scholz, Anna-Lena Baerbock), und viele Leute glauben das sogar (bei den Rentnern ist die Bild-Zeitung/bild.de DIE Bibel...). In ein paar Monaten nach der BTW wird es schnell wieder vergessen. Aber das Rad dreht weiter... Was wird 2040 sein? Ist Elon Musk auf dem Mars und hält Krieg gegen die Erde?

Natürlich klingt das verrückt, aber mittlerweile... Wer hätte 1973 oder 1982 tatsächlich gedacht, das man in einem kleinen Handgerät weltweit alle Sachen reintippen kann (und sogar Telefon und Fotos), das statt 3 TV-Programme gleich 1000 TV-Programme sind (inkl Streaming über Sport, Filme, Musik)... 2040 sind Menschen anders, so wie die 2025-Menschen anders sind wie 1973, 1982. Der rote Faden der Hirne sind 2025 anders, wie 1982, 2040... 2040 haben wir die Neue Weltordnung! Menschen vergessen aus den komischen 1970er Jahren mit der erstmaligen Selbstbestimmung für die Arbeitnehmer, mit der komischen Musik durch richtige Melodien und Innovation, mit der komischen Solidarität, Gemeinschaft, Idealismus, Experimente. Das weiß kein Mensch aus den 1970ern... Durch KI haben wir (jetzt schon, aber 2040 noch viel mehr) Foto-Betrug, KI-Musik, The Beatles treten auf durch Hologramme - und 2040 ist ein geheimes Android-Programm über den neuen US-Präsidenten (ein Mix aus Musk, Bezos, Zuckerberg?)...

C P Gerd Steinkoenig Gerd Stein Gerd's Katze Molly hat ihre eigene Seite Bilder, Weisheiten, Sprüche by Gerd Steinkoenig

3. Januar 2025

1. Januar um 00:19 ·

Happy New Years mit den Rolling Stones ☺

The Rolling Stones - Anybody Seen My Baby - OFFICIAL PROMO

YOUTUBE.COM

The Rolling Stones - Anybody Seen My Baby - OFFICIAL PROMO

1. Januar um 00:14 ·

Happy New Years Day ☺

U2 - New Year's Day (Official Music Video)

YOUTUBE.COM

U2 - New Year's Day (Official Music Video)

REMASTERED IN HD! Directed by Meiert Avis, the video for New Year's Day – the first single

VORSÄTZE 2025! Im Prinzip nein! Denn ich weiß was ich will, mit meinem positiven Leben, Pläne, Ziele, Reinheit, Gesundheit, Mut, postive Energien, positive Lösungen! Aber dies und das muss ich machen: wie es geht, gehts momentan nicht, mit dem schxxx old Tablet, schxxx e-mail. Vor Kurzem hab ich's gepostet, ich kann machen was ich will, da iss nix. Momentan kann man es hinkriegen, aber auf Dauer... Vom Neben-Account Gerd Stein zum Headquarter Gerd Steinkoenig will ich rüberposten, aber nur mit meinen Fotos kann ich rüberbeamen... Und ich hab Schwierigkeiten zu meinem neuen Buch, es ist dadurch durcheinander... Immerhin hab ich meine privaten Nebengruppen. Und voallem was 2025 alles sein könnte, oder doch nicht, oder doch?!?! Meine Mutter (am 27.03.2025 wird sie - womöglich - 87 Jahre! Meine positive Zukunft mit "Institut", Betreuer:innen, Nebenjob (von Tierheim Katzenstreichler bis Oldtimer-Haushaltshilfe hilfsbereit.de), mein Ziel nach Wien als Besuch u.ä., raus aus meinem Stillstand (vielleicht doch mehr Fortschritte, denn ich bin der geborene Selbstkritiker) mit noch mehr "mitten im Leben" mit mehr Abwechslungen etc. Im Endeffekt mach ich's ja, aber zu oft zu faul: Spaziergänge, Fotografien, Termine mit Zug fahren etc tätige ich ja! Ich bräuchte mehr Power, das ich ein Ziel gleich mache und nicht in 5 Tagen oder 3 Wochen... Natürlich hab ich meine pünktlichen Termine, ich hab das und das für einen Tag und um 12h ist es schon vorbei. Also, ich kann's (vielleicht denk ich wieder zu viel, von wegen Selbstkritiker...). Ich hab positive Energien mit starkem Geist! Aber ich will raus aus meinem vermeintlichen Stillstand. Vielleicht durch den 08/15-Trott mit dem "Institut", oft kann man nicht reden oder diskutieren (weil ich geistig IQ-Power habe...), vielleicht bin ich unterfordert (sagte schon Mrs P 2018), dadurch hab ich tolle Kreativitäten (meine Bücher, Fotos), daraus brauche ich von Schritt zu Schritt 2025 mehr "mitten im Leben". Ich will natürlich meine Ruhe, Demut, kein Risiko (wegen September 2017...) - trotzdem mehr "mitten im Leben"! Am Besten wäre es schön - was ich seit Jahren um diese Zeit denke - wenn nächste Weihnachten/Neujahr eine Partnerin wäre. Träume darf man ja schließlich träumen... Und mehr tägliche Tätigkeiten von Wohnung saubermachen oder Tagesrituale oder meine nötigen, pünkliche Termine etc. Einfach weniger denken, denn es kann einfach so sein, ob Frau, Job, was weiß ich, das es ganz anders ist, wo ich momentan gar nicht dran denke. Es ist einfach Leben leben! Und natürlich auf jeden Fall meine Mantras über mein gesundes Leben! Ich brauche meine seriösen

Aufgaben. Noch mehr Motivation! Also, mal wieder hat meine Seele gesprochen, jetzt chille ich und freue mich in das neue Jahr 2025 (mit Bald-Betreuer-Wechsel, Mutter&ich-Tagtelefonate, meine positiven Fortschritte & Entwicklungen, Womöglich-Liebe - aber auch BTW Feb2025, Trump, Putin, NWO...

C P Gerd Steinkoenig Gerd Stein Gerd's Katze Molly hat ihre eigene Seite Bilder, Weisheiten, Sprüche by Gerd Steinkoenig 31.12.2024

Foto: der Autor

Ich schxxx auf den #MediaMarkt !! OK, schnell noch 2 Popjuwelen-CDs, aber zuvor war ich beim Tablet-Schrotti, und der Typ meinte: nöö! Ich kotze auf den MediaMarkt! Ich wollte nur eine Stromkabelverbindung, damit ich im alten Tablet wieder Licht hätte für diverse alte Apps (ua mein facebook-Headquarter Gerd Steinkoenig). Es wäre nur zu Hause, auch ohne neues Display, Datenübertragung, denn im neuen Tablet hab ich ja alles! Der Schrotti-Typ grinste, es geht nicht und außerdem nur 35 Euro Reparaturarbeit, nöö... Ich sollte wohl alles reparieren für 200 Euro oder so, da fixxx ich dem Pseudoreperateur in sein Knie! Jetzt brauche ich eine positive Lösung, denn zum fb-Headquarter ist nur PC... Ach ja: e-mail geht immer noch nicht... Und auf jeden Fall: NIE MEHR MediaMarkt!! 30.12.2024

29. Dezember 2024 um 21:39 ·

DIE VERÄPPELUNG DES MENSCHEN

In den 1970ern/1980ern war zwar Kalter Krieg

In den 1970ern/1980ern war doch Freiheit

Mit Vertrauen in Deutschland, im Westen

Viele Politiker kannten noch den 2. Weltkrieg

Heute sind Politiker nur noch Umfrage-Junkies

In den 70ern/80ern: Gemeinschaft, Experimente

Heute sind geldgierige Quoten ohne Kreativität

In den 70ern/80ern: politische Fortschritte

Mit Frieden, Einigung in Europa, Solidarität

Heute ist vor dem Sieg der Ultrarechten

Trump, "Mr Blofeld" Musk, die EU-Rechten

In den 70ern/80ern dachte ich: modern Times

Wir haben Frieden mit coolen Menschen

Der 2. Weltkrieg ist ewig vorbei

Nun kommt 2025 - ein Unjahr der Welthistory?

Trump, Putin, Egoismus, bald 3. Weltkrieg

Die Veräppelung des Menschen

Durch "freiwilligen Zwang" durch Woke

Durch TV-Streaming-Diktatur Sport, Film, Musik

Durch Mainstream-Schwarmdummheit

Wollen Politiker dumme Menschen?

Wer hätte das bei mir mit 25 gedacht

Dass ich mit 65 Lifeungewissheit habe...

Ohne Vertrauen in Deutschland, EU, USA

"UdSSR", VR China...

C P Gerd Steinkoenig Gerd Stein

29. Dezember 2024

#spiegelonline #merz #scholz #habeck #weidel

Foto: Gerd Steinkoenig

MUTTER

"Mother" Pink Floyd, "Mother" John Lennon

Mutter wohnt in Fuerteventura wegen Schlaganfälle

"Ihre Entscheidung", meinte Frau Schw

Im Endeffekt hatte sie recht

durch ihre Situation

Mutter ist meistens im Bett

Gott sei Dank hat sie Pflegerinnen, Freunde

Anscheinend ist sie oft allein

Dadurch jeden Tag unsere Telefonate

Andererseits ist sie eigenwillig und negativ

Sie denkt oft an ihren Mann (R.I.P. 2017)

Sie hat keine Motivation und Power

Durch meine telefonische Agierung

konnte sie wieder raus und ihr gings besser

Bei den Telefonaten bin ich der

psychologische, positive Betreuer

Aber sie ist eben eigenwillig

Und ich bin übrigens Behinderter...

Schon zuvor hatte Mutter mich "geschickt"

Total unter Wert ihr Haus verkauft

Viel zu schnell - später war ein besserer Preis

Mutter meinte halt: Vertrag schon da...

Ein zweites Beispiel: mit meinem Betreuer

spottere "Mother": "der hot doch nix"

Mit Übersetzung: der hat kein Geld...

Natürlich war sie liebevolle MUTTER

Wenn ich als Kleinkind aua hatte

tröstete sie mit dem Lied

"Heile Heile Gänsje" (Mainzer Volkslied)

Und mir ging wieder gut

Jetzt haben wir unsere täglichen Telefonate

Bis morgen? In 3 Monaten? 1 Jahr?

Sie ist dann erlöst - ich auch

C P Gerd Steinkoenig Gerd Stein 29.12.2024

DARTS UND VATER UND ICH BIN DER GEWINNER

Vorhin war Darts-Bericht bei einer Zeitung. Urplötzlich dachte ich an Vater. Mal wieder Bashing von Vater zu mir: hatte nur gesagt, ich hatte gewonnen nach langem Darts-Kampf in der Kneipe. Vater meinte tatsächlich zu meiner Mutter: die Kumpels hätten das extra gemacht, damit ich gewinne! Mutter gleich "ja klar" (Mutter ist der Klon von Vater). Dabei war Hardcore-Darts, mit diesem Abend hatte ich mein Darts-Abitur. Denn es war eine Dartskneipe und "um zu lernen" war zB zum Einstieg Double - wenn das Game vorbei ist, und es ist 0: Kohle. Es waren viele dementsprechende Wetten - am Schluss hatte ich ein Game gewonnen und nochmal ein Game gewonnen. Es war meine Darts-Auferstehung! Triple 20? Locker! Kein Problem! Dreimal hintereinander Trible 20? Kein Problem! Klar doch! Ausrechnen zum Zielpunkt "Welche Zahlen mit den 42?": kein Problem: Double 19 (am Ende ist IMMER Double) und 2 x 2 oder 1 x1, 1 x 3... Ich hatte 2 Angebote zur Liga! Ich wollte es aber nicht: zu viele Kneipen, zu viel Zeitfress, zu viel Bier etc. Aber Vater meinte nur mit Bösartigkeit, die Kumpels hätten das extra gemacht, das ich gewinne. Vater hatte natürlich keine Ahnung über Darts - bei ihm war nur Pfeile werfen und Blödsinn... Ein Erlebnis aus den 1990ern - denn ich bin der Erinnerer... Im Nachhinein war ich "zu schüchtern" um mehr darüber zu erzählen, aber durch den Dominator Vater... Ich hätte mehr Power machen müssen - ist aber zu spät... Na ja, irgendwann im Himmel... Übrigens für Darts-Fans: am Anfang Steel-Dart spielen (die Felder sind kleiner und man muss noch mehr rechnen). Dadurch war es im Elektro-Kneipen-Dart viel besser!

C P Gerd Steinkoenig Gerd Stein

28. Dezember 2024 um 19:07 ·

Mit Deine Freunde geteilt

Meine Füße ist und war in Annweiler am Trifels, Landau in der Pfalz, K-Town & Umfeld, Mannheim, Heidelberg, Stuttgart, Hamburg, München, St. Peter-Ording, Feuchtwangen, Ofterschwang, Isny, Lindenberg, Bergen-Belsen, Schifferstadt, Mutterstadt, Alzey, Bad Bergzabern, Klingenmünster, Pirmasens, Saarbrücken, Kolbnitz, Andrian, Bach, Bozen, Llorett de Mar, Avignon, Vaison La Romance, Lyon, Genf, Zürich, Winterthur, Gerolstein, Wittlich, Daun, Mainz, Ludwigsburg, Augsburg, Obersdorf, Maria-Grünewald, Villach, Hof, Rehau, Köln, Perpignan, Sete uvvva Orte...
C P Gerd Steinkoenig 28.12.24

Heritage Chronicle

28. Dezember 2024 um 07:38 ·

„Marie Curie" war vor 100 Jahren einer so hohen Radioaktivität ausgesetzt, dass ihre Notizbücher, Schriften und sogar ihr Körper gefährlich radioaktiv bleiben und dies auch für weitere 1.500 Jahre bleiben wird. Die Strahlungsquelle sind Radium und seine radioaktiven Isotope, die sie früher in Reagenzgläsern in ihrer Tasche bei sich trug.

Radiumisotope haben eine Halbwertszeit von 1.600 Jahren! Marie Curie gilt als Mutter der modernen Physik und war nicht nur die erste Frau, sondern auch der erste Mensch überhaupt, der zwei Nobelpreise gewann – für Physik und Chemie.

Curie ruht in einem Sarg, der zum Schutz der Besucher mit 5,4 cm Blei ausgekleidet ist.

25. Dezember 2024 um 11:06 ·

MUSIK DISKUTIEREN

Ich vermisse es, weil seit Jahren kein Mensch versteht über Musik! Früher war ein neues Album über Progrock oder Hardrock und man konnte mit Kumpeln reden: hast du den Songtext gehört/gelesen? Das neue Album hat ja ein geiles Cover! Kann man heute vergessen! Auch jetzt kann ich über Musik reden! Aber was war?! Mrs P war 2018/2019 meine Betreuerin und war Klassik-Fan. Rock und Pop war für sie Blödsinn und Vorurteile. Hatte ihr per e-mails Rockmusik geworben - irgendwann meinte sie: lass das... Allerdings: ich hatte das Pink Floyd "Echoes - The Best of" gekauft und im Auto konnte ich mit Mrs P hören und sie hat tatsächlich gelauscht. Neben Klassik geht auch Jazz bei Mrs P, aaber... Hatte die Kind of Blue von Miles Davis zu ihrem Auto-CD-Player gebeamt, aber da war nix. Nur ein Bisschen gehört... Als Info: bei den Kritikern ist die Kind of Blue (1959) das beste Jazz-Album des 20. Jahrhunderts... Der nächste Kanditat war St Pä! Er hat sogar Ahnung von Pink Floyd bis Led Zeppelin bis Dream Theater. Aber er ist musiktechnisch egozentrich, zB über Jethro Tull: wir waren im Media Markt und er meinte:"hol dir die "Aqualung", die ist guut! Damals war ich ja noch "naturstoned" und der "Betreuer" hatte mich überredet... Was die Härte ist: sein Baujahr ist 1979, meine 3 Tull- Konzerte waren 1980, 1982 (2x). In dieser Zeit war St Pä um den Tannenbaum gelaufen mit Klingeln...

Und die "Aqualung" hatte ich VOR seiner Geburt gekauft... Durch mein Vinyl-Aderlass brauchte ich eben diese CD. Ist ja ok, das ich es wieder habe - aber durch den St Pä-Zwang... Durch die jüngeren Leute, wissen sie nicht was 1972 oder 1976 war, dh bei meinem Kanditaten St Pä ist bei Genesis "Domino" Superprogrock. Bei mir nicht: nur Mainstreamrock! Denn ich kenne die 70er Progrockjuwelen von Genesis wie Supper's Ready oder Firfth of Fifth! Und wie gesagt, er ist egozentrisch: er dann, ach was, natürlich Domino... Da gäbe es noch ein paar von St Pä, aber zu einem Buch kann ich's nicht schreiben... Wo ich wenigstens wirklich diskutieren kann, dann mit St Re und Ro Ko! Beide sind neugierig über die Musikhistory und kann Song-Beispiele nennen, besonders die Ro Ko. Jetzt kennen beide spezielle Songs von Genesis, The Beatles, Pink Floyd etc und Ro Ko freute sich über Gazebo (das war unsere erste "Session")... Es waren ALLE Betreuer:innen, weil es eben öfter ist/war, als bei "normalen" Leuten. Aber auch da wieder: keine oder kaum Ahnung über Musik. Und wenn, dann nur eine Zeitoase von 10 Jahren. Die Einzigen, wo man über Rock und Pop diskutieren kann, sind St Re und Ro Ko! In den 70ern und 80ern war es was anders: ich kann mich erinnern, im "Smile" KL hatten wir ne 1/2 Stunde lang diskutiert über den Genesis-Songtext "Mad Man Moon"! Heute würden die modern times-Leute verständnislos gucken... Meistens ist ja eh nur Techno und Hip Hop...

C P Gerd Steinkoenig Gerd Stein 25. Dezember 2024

24. Dezember 2024 um 20:03 ·

HEILIGABEND 2024

Mir geht's gut, alles ist gut

Durch meine Fortschritte über Weihnachten

Wegen meiner diversen Vergangenheit

Zu viel gedacht und so an Heiligabend

Durch meinen starken, klaren, freien, reinen Geist

hab ich meine positiven Horizonte entdeckt...

Ich bin nur allein, dh freie Entfaltungen

Natürlich wäre es ok mit einer Partnerin

Aber wenn allein, dann mein Tagestheater

Mit Musik, Edgar Wallace-Filme, Social Networks

Kreativitäten wie das Tik Tok-Heiligabend-Video

Heiligabend-Musik mit Pink Floyd, Supermax, Rush...

HEILIGABEND 2024 ist anders

Weihnachtsmarkt-Terror in Magdeburg

Tägliche Mutter-Telefonate aus Fuerteventura

Sie lebt dort und ist oft im Bett (Schlaganfälle)

Und der Rechtsruck auf der Erde: US-Präsi Trump

Kanzlerkandidaten Alice Weidel (AfD)...

Foto: der Autor: Natürlich Edgar Wallace (NITRO-TV)

C P Gerd Steinkoenig Gerd Stein 24. Dezember 2024, 20:03h

KUNST IN DIVERSEN EBENEN

Wenn ein Promi-Idiot Bücher kitzelt: Platz 1 SPIEGEL-Bestseller-Liste

Wenn ich ein Buch schreibe: keine Notierung, absolut nix

Wenigstens bin ich durch #BoD bei Google "Autor" mit Werbung

Wenn ein Promi-Idiot ein Bild kritzelt: mindestens 10000 Euro

Wenn ich ein Bild zeichne, lachen die Leute (ok, ich kann es nicht)

Aber wenn Lindis Eierlikör-Bilder macht: Ausstellungen und Geld

Schließlich ist er Udo Lindenberg....

Wenn ich (2013) im Bürger-TV OK-KL eine Show kreiren wollte

meinte der Chef: nöö! Obwohl BÜRGER-TV!

In der Jugendredaktion war eine tolle Frau und hat es durchgeboxt

Dadurch war ich Produzent/Moderator in 5 Musik-Shows

SMOKE-das Musikcafe (2013/2014)

Schon 2013/14 war uniformierter Mainstream, sogar

in der Jugendredaktion - die Zukunft im richtigen TV...

Bei meinen Fotos als Fotograf hab ich meine Spielwiese

In meinen ISBN-Books (inkl 3 Fotobände und viel mehr)

Aber im Trifelskurier interessiert das keinen - wegen Vitamin B...

Von Annweiler am Trifels-Fotos by Gerd und in meinen Books

kreirte ich einige geniale Fotos - interessiert keinem...

Wenn ich über meine Lyrics, Fotos, Videos zelebriere

Wenn ich meine Synapsen, Seele, Bauch balsamiere

freue ich mich und sonne meine Kreativität

Und lache über die horizontlosen Mainstreammenschen

C P Gerd Steinkoenig Gerd Stein 23.12.2024

Foto: der Autor (Annweiler-Foto)

Heiligabend-Musik...

VINYL-Serie LIVE-SONGS - HISTORY Vol 2

SIDE ONE

Tom Sawyer (Rush, YouTube-Video, die South Park-Nummer! Ist zwar YT, trotzdem auf Vinyl...)

Where Did You Sleep Last Night (Nirvana, Unplugged in New York)

Cello (Udo Lindenberg feat Clueso, MTV Unplugged)

Help (The Beatles, Live At The Hollywood Bowl)

For You (Manfred Manns Earthband, Budapest)

SIDE TWO

Kashmir (Led Zeppelin, YouTube-Video, Celebration Day)

The Cinema Show (Genesis, Seconds Out)

Knockin' On Heaven's Door (Guns N Roses, Live Era '87-'93)

Zur Zeit höre ich die Animals von Pink Floyd (1977, remastert 2018), das unterschätzeste Studioalbum von PF! Die Animals ist gleich groß wie Dark Side Of The Moon, Wish You Were Here, The Wall!!

C P Gerd Steinkoenig Gerd Stein 24. Dezember 2024 11:16h

Willem II

21. Dezember 2024 um 01:30 ·

Identity of the Man on 'Led Zeppelin IV' Album Cover Discovered After 52 Years

On the 52nd anniversary of the release of Led Zeppelin IV on November 8, 2023, the identity of the man featured on the album's iconic cover was finally revealed. For over half a century, the figure—a man carrying a bundle of sticks—had remained a mystery. However, thanks to the work of Brian Edwards from the University of the West of England (UWE), it was discovered that the man depicted was Lot Long, a

19th-century thatcher from Wiltshire.

The journey to uncover Lot Long's story began with a framed, colorized photograph purchased by Robert Plant in an antique shop in Reading, Berkshire. This image became the centerpiece of the Led Zeppelin IV album cover. Edwards eventually traced the original photograph to a Victorian album titled Reminiscences of a Visit to Shaftesbury. Whitsuntide 1892. A Present to Auntie from Ernest, created by photographer Ernest Farmer. The photograph showed Lot Long, who was born in 1823 in Mere, Wiltshire, and worked as a thatcher. By the time the photograph was taken, Lot was a widower living in a small cottage on Shaftesbury Road in Mere. Long passed away in 1893, one year after the photograph was taken.

Brian Edwards, a lifelong Led Zeppelin fan, remarked, "Led Zeppelin created the soundtrack that has accompanied me since my teenage years, so I really hope the discovery of this Victorian photograph pleases and entertains Robert, Jimmy, and John Paul." The photograph of Lot Long will be displayed in an exhibition titled A Photographic Journey Through Victorian Wessex at the Wiltshire Museum from April 6 to September 15, 2024. David Dawson, Director of the museum, commented on the significance of Farmer's work, saying, "Through the exhibition, we will show how Farmer captured the spirit of people, villages, and landscapes of Wiltshire and Dorset that were so much in contrast to his life in London. It is fascinating to see how this theme of rural and urban contrasts was later developed by Led Zeppelin and became the focus for this iconic album cover 70 years later."

The discovery not only provides a deeper understanding of the album's artwork but also highlights the enduring connection between Led Zeppelin's music and themes of tradition, modernity, and the human spirit. ❀

501   A Wiltshire Thatcher.

VINYL IS THE NEW MODERN SHIT!!

Einfach so aus meinem Musikgeschmack und Kenntnis und geile Live-Songs!

LIVE SONGS - HISTORY VOL 1

SIDE ONE

Show Me The Way (Peter Frampton, Frampton Comes Alive)

Squonk (Genesis, Seconds Out)

Comfortably Numb (Pink Floyd, PULSE)

School (Supertramp, Paris)

SIDE TWO

Highway Star (Deep Purple, Made In Japan)

Rock n Roll (Led Zeppelin, The Song Remains The Same)

Bahnhofskino (BAP, YouTube Rockpalast-Video-Clip)

You Should Be Dancing (Bee Gees, You Tube, Video-Clip)

C P 23.12.2024 Gerd Steinkoenig Gerd Stein Gerd's Katze Molly hat ihre eigene Seite Bilder, Weisheiten, Sprüche by Gerd Steinkoenig

23. Dezember 2024 um 10:39 ·

Nix fxxxx Last Christmas! Sondern die erste Version, das Original vor 40 Jahren (OMG, vor 40 Jahren...) mit der Benefiz-Single Do they know it's Christmas! Schönen liebevollen Samstag, Ihr Lieben ☺

Do They Know it's Christmas Band Aid 1984 lyrics onscreen

song by Band Aid 1984. I put the lyrics onscreen.

Vergleich 1974 zu 2024:

Lichtjahre, Paralelluniversen!

22. Dezember 2024 um 14:12 ·

Mit Deine Freunde und Gerds Freunde geteilt

DAS OMINÖSE 73. BUCH...

Ich wollte doch noch

Und weniger pro Jahr

Eine Art Tagebuch, Momentums

Und für meine seelische Kreativität

Seit Anfang Dezember kreirt

Jetzt hab ich viele Facetten

Aber vieles ist nicht da in Book 73

Tik Tok-Videos, Instagram-Reels

Bisher 17 Teile "Meine Bücher" von TT

Schöne Landau & Annweiler-Videos

Schon seit 72 Books waren keine

Videos von Annweiler, Landau & Co

Bei "Meine Bücher" sind gute Sachen

Aber nix mit Buch 73

Ich könnte es machen MIT Book 73

Da bräuchte ich aber offical E-Book

Kann ich bei #BoD immer machen

Aber nur "analog" ohne videos

Offical E-Book = E-Book-Schreiber

Kostet aber wieder Kohle

Auch ohne #Amazon

Bei #BoD hab ich 1000te Vertriebe

auch mit E-Book

Bei #amazon selbst ist nur amazon

Aber ich will trotzdem kein

offical E-Book

Denn ich will Paper riechen

Ein richtiges Buch ist Papier

Also krieg ich es hin zu Buch 73

Ohne Videos...

PS: leider ist irgendwann kein

Papierbuch da, sehr traurig!

C P Gerd Steinkoenig Gerd Stein Gerd's Katze Molly hat ihre eigene Seite Bilder, Weisheiten,

Sprüche by Gerd Steinkoenig

22. Dezember 2024

21. Dezember 2024 um 18:38 ·

ZEITENWENDE

Es ist soweit zur New World Order

Trump, Musk, Putin, Xi sind da

Der egozentrische Geldscheißer Musk

propagiert als Trump-Vasaller über Europa

Musk will rechts in GB und Germania

Musk will die AfD als Nr 1

Trump will Friedensnobelpreisträger werden

Ein Deal mit Putin: Ukraine hat nur die Hälfte

Xi ist momentan ruhig, ist im Hintergrund

Putin will die NATO destabilisieren

Durch Trump vs NATO lachen Putin & Xi

Die neue Weltordnung ist bald da

Das Herz von Europa ist bald AfD-Land

Die Diletanten Merz/Scholz vs AfD-Weidel:

ich bin gespannt...

Foto: my Sampler (Auswahl), wo die Welt

noch in Ordnung war

C P Gerd Steinkoenig Gerd Stein 21.12.24

Gerd SteinGerd Steinkoenig

21. Dezember 2024 um 11:06 ·

Gerd Stein

21. Dezember 2024 um 11:03 ·

Der Weihnachtenzerstörer!!

MAGDEBURGER TÄTER: "Deutsche Nation und deutsche Bürger verantwortlich!" Die wirre Welt des Taleb A.

YOUTUBE.COM

MAGDEBURGER TÄTER: "Deutsche Nation und deutsche Bürger verantwortlich!" Die wirre Welt des Taleb A.

MAGDEBURGER TÄTER: "Deutsche Nation und deutsche Bürger

Gerd Stein

1. Januar um 11:04 ·

Die AfD & Weidel freuen sich... Aber wie soll man einen richtigen Bundeskanzler basteln?!? Scholz? Merz? Habeck? Da lach ich doch! 2025 ist die Eskalation! Der Untergang von Deutschland, Trump, Putin... (1.1.25)

SILVESTER: Polizisten mit Raketen beschossen!

YOUTUBE.COM

SILVESTER: Polizisten mit Raketen beschossen!

Silvester: Polizisten mit Raketen beschossen!Die Welt feiert das Jahr 2025! Aber auch diese

Gerd Stein

1. Januar um 11:07 ·

Ich habs!! Captain Future wird der neue Bundeskanzler!! (1.1.25)

Captain Future - Theme

YOUTUBE.COM

Captain Future - Theme

Bass - Günther GebauerDrums - Todd CanedyGuitar - Mats BjörklundKeyboards - Chris

Gerd Stein

2. Januar um 19:57 ·

Annweiler am Trifels 2019!! Really!! TV-Übertragung in SWR-TV!! Ich war da - aber es war zu heiß (gefühlte "50 Grad"...) und ging nach Hause. Mrs P und ein paar Klientel waren im Konzert und hatte die Mrs P versetzt. Ich hatte lange gewartet und wir suchten uns einfach nicht. Zu Hause war ja SWR-TV mit John Miles (ca 1 Jahr später war er gestorben), George McCrae (zB Rock Your Baby), Götz Alsmann etc! Auf dem Parkplatz am Wasgau... Die große Blütezeit von Annweiler am Trifels 2019 - dann kamen zu viele Schulden wegen diesem Rheinland-PfalzTag, Covid 19, RUS/UKR-Krieg/Inflation! Die großen Feste sind seither vorbei, jetzt sind kleinere Brötchen - trotzdem: es wird immer gearbeitet, zB das neue "Wasgau-Viertel", Hausrenovierungen, neue Geschäfte (aber alte Geschäfte sind weg, immer noch Leerstände), desweiteren.

C P Gerd Steinkoenig Gerd Stein 2. Januar 2025

Weltpremiere: John Miles spielt seinen Welthit "Music" mit der SWR Big Band

YOUTUBE.COM

Weltpremiere: John Miles spielt seinen Welthit "Music" mit der SWR Big Band

John Miles' Welthit "Music" zum ersten Mal live mit der SWR Big Band - Weltpremiere beim Rheinland-Pfalz-Tag 2019 in Annweiler!Landesschau Rheinland-Pfalz-Ka...

Anmerkung: Bürgermeisterin von Annweiler Carmen W hat dazu geliked!

KATE BUSH ist seit 1978, seit dem Debut-Album "The Kick Inside" meine Lieblingssängerin!
Sie ist eine Ausnahmesängerin ohne Mainstream mit Intelligenz. Trotzdem hatte Kate viele
Hits wie Wuthering Heights, The Man With The Child In His Eyes, Hammer Horror,
Babooshka, Running Up That Hill, Cloudbusting und und! Heute hätte Kate keine Chance
gehabt wegen dem jetzigen 08/15-Mainstream - damals konnte man es machen: durch
einen Kumpel namens David Gilmour (Pink Floyd) hatte Kate ca 1 Jahr Zeit durch
Kompositionen, Texte, Ideen, Arrangments, und dann erst zur Plattenfirma zum aufnehmen
(heute unmöglich...). Foto: Kate Bush (Pudafinger Down)

Um diese Zeit natürlich wieder Miss Marple... Mittlerweile habe ich die 2 neuen Marple-
Serien gesehen (bei ONE) - natürlich sind die neuen Marple viel ähnlicher und besser zur
Literatur-Figur. Aber Magaret Rutherford mit der alten "60er-Marple" ist eben legendär...
(31.12.24)

Wieder Silvester-Tradition bei 3Sat Pop Around The Clock: hier mit Rolling Stones-Konzert!
(31.12.24)

Gerd Stein

31. Dezember 2024 um 11:59 ·

Die beste TV-Serie aller Zeiten!! MIAMI VICE!! Geiler Song! Geiles Video! DIE 80er!

[HiFi] Jan Hammer - Sonny Crockett's Theme (Miami Vice Theme)

[HiFi] Jan Hammer - Sonny Crockett's Theme (Miami Vice Theme)

Sonny Crockett's Theme. His sunglases FTW!#miamivice #sonnycrockett #theme #donjohnson

Zu meiner AFTERGLOW-Songliste: dieser Song MUSS dabei sein!! September 2017, Schlaganfall-Klinik in Alzey, im Zimmer allein am Anfang aus medizinischen Gründen. Und ein Fernseher war dabei. EIN Song war öfter dabei: dieser Ohrwurm Good Old Days... Es waren die ersten Tage und ich aus Überlebenstaktik, mit naturstoned-Leben, mit MUSIK!! Auch in 1000 Jahren ist dieser Song eingebrannt für immer! Damals war ich so drauf: kann ich wieder leben? Und sah dieses Video, und erinnerte aus alten Zeiten von Freunden, Lagerfeuer etc. Dieses Video war ua meine Noch-mehr-Motivation! In der AFTERGLOW-Songliste sind eben zT Leben, Gefühle, Gedanken, Erinnerungen, zB Time (Pink Floyd) oder If You Leave Me Now (Chicago) oder Mad Man Moon (Genesis) und eben Good Old Days... (30.12.2024)

MACKLEMORE FEAT KESHA - GOOD OLD DAYS (OFFICIAL MUSIC VIDEO)

MACKLEMORE FEAT KESHA - GOOD OLD DAYS (OFFICIAL MUSIC VIDEO)

GEMINI - AVAILABLE NOWhttp://smarturl.it/MacklemoreGeminiDIRECTED BY Johnny Valencia

2 Fotos mit 2 Top 12-Alben (Version 28.12.2024) von mir ☺

MOI KATZEMÄÄDSCHE MOLLY - MEINE EWIGE TREUE

Molly hatte ihre eigene Persönlichkeit und Freiheit

Sie hatte ihre Reviere und freute sich des Lebends

Ich hatte schon oft erzählt bei meinen Books über Molly

Als neugieriges, lernendes, braves Kind

Das "Standbild" mit 5 oder 6 Katzen (plus Molly)

Als ein roter Kater moi Katzemäädsche jagte

(die Mollly hinterm Baum und ich sah nur das linke Auge)

Oder als meine Molly einen Fuchs verjagte

(die Hinterpfoten hatten tiefe Abdrücke)

Und moi Katzemäädsche war/ist die Treue in Person

Sie war sehr dankbar zu mir wegen einem 1/2JahrVorgänger

Und im Endeffekt war Molly ein Hund

Natürlich war meine Katze eine Katze

Trotzdem war sie im Ernstfall hörig wegen zB "Gästen"

Als "Gast" war meine weltfremde Mrs P

Als Erstes ging sie eigenwillig zu einem Tierarzt wegen

den Milben im Ohr - bei mir einfach Menschenapothek

Ich wusste Bescheid, aber ich war im Krankenhaus wegen

Wirbelbruch und Mrs P klaute meine Molly zu 2 Blondies

Nach ca 9 Wochen Schlaganfall-Kliniken war zu Hause Molly

Durch Mrs P sollte Molly Erziehung haben durch die Blondies

Und ich ging nach der Wirbelbruch-Klinik nach Hause

Und Molly war nicht da durch Pseudopsychologin Mrs P

Viel später wollte Mrs P nach Molly rufen

Sie ging in eine dunkle Ecke und war still

Die Pseudopsychologin schreite laut wie mit einem Hund

Sie gab auf und Molly ging danach sofort zu mir

Und ich streichelte, kraulte moi Katzemäädsche

Wir waren ein Team, wir waren eine Festung

Die 2 lächerlichen Blondies sollten Molly erziehen

(nach damals 14 Jahren von uns...)

Sie kuschelte im Bett immer hinter meiner Kniekehle

Und am Anfang ging tatsächlich nichts und lief oben neben

dem Bett, später dann doch wieder...

Ich weiß natürlich nichts, was die 2 Foxxxx machten

Vielleicht schlugen sie Molly?

2018 war ich erst ca 4 Monate nach meinen Schlaganfall-Kliniken

Daher war ich noch "naturstoned" und diese schxxxx Mrs P...

Molly war meine ewige Treue

Beim Umzug von KL nach AW hatte sie Asyl zum KL-Nachbar

Nach 7 Tage suchte ich in ihrem Revier und ich sah Ohren

Nur Katzenohren mit hohem Gras und sie rannte

Und wir streichelten und miau miau miau

Und wie gesagt 9 Wochen Schlaganfall-Kliniken:

vor den Kliniken vegetierte ich ca 3 Tage, 3 Nächte

Und wer war IMMER da? Molly! Wie ein Wachhund!

Kein Futter (Wasser war damals nix, nur Feuchtfutter)

Trotzdem: sie wachte 3 Tage, 3 Nächte und wartete

Nach den 9 Wochen ging ich nach Hause Und wer war da?

Miau miau miau!! Ich streichelte ca 30 Minuten nonstop...

Und der Abschied von meinem Katzenmädchen!!

Sie hatte mich bedankt und verabschiedet

vom 3.2.2021 zum 4.2.2021 - siehe bei meinen Books

Molly war einen Tag später als Vogel und flatterte

stehend vor dem Fenster und schaute zu mir

ob ich ok bin

Molly hatte erstaunte Augen - durch Gottes Licht?!

(28. Dezember 2024)

Fantastic Song! Typical Zappa!

Frank Zappa - Catholic Girls (Visualizer)

YOUTUBE.COM

Frank Zappa - Catholic Girls (Visualizer)

Official Audio for Catholic Girls performed by Frank Zappa #FrankZappa #CatholicGirlshttp://vevo.

Gerd Stein hat ein neues Foto hinzugefügt.

27. Dezember 2024 um 11:25 ·

LEBENSSONNE 2. Fotoversion, noch größer: soo viele Millionen km von der Sonne zur Erde!

Trotzdem unsere Wärme! Durch Gott!

Gerd Stein

26. Dezember 2024 um 22:18 ·

Der legendäre Peter Thomas! Der Filmkomponist aus Edgar Wallace -Filmen, Raumpatroullie Orion, Der Kommissar etc!

EDGAR WALLACE Highlights Peter Thomas

YOUTUBE.COM

EDGAR WALLACE Highlights Peter Thomas

Ein grosses Dankeschön an @SCORPION60!! In sehr liebevoller Art hat er die kultigen Melodien aus Edgar Wallace gänzlich neu auf seiner DAW (Cubase 13 Pro) ei...

DIE AFTERGLOW-SONGLISTE (ca Weihnachten 2024 bis 4.1.25)

Natürlich fehlt immer was, aber diesmal diesmal!! In diesem Buch sind weitere Songs ohne von dieser Liste - trotzdem darf das auch aufgenommen werden... Buchtipp: mein 1. Buch "Blood On The Rooftops" mit dem seitenlangen Song-Liste (Januar 2917). Durch mein Durcheinander mit 2 fb-Accounts, privaten Gruppen, hatte ich es sogar in der chronologischen Reihenfolge... Da erkennt man, oh noch einmal, oh King Crimson/muss noch rein... My Life-Songs! Wiederholung: zuvor ist nochmal "Good Old Days" da... Nobody Is Perfect!

AFTERGLOW (GENESIS) - MEIN Xter BEST SONGS-VERSUCH

Eines der besten Songs aller Zeiten: The Ride To Agadir von Mike Batt!! Ich hatte mal dieses

Album - aber wegen Vinyladerlass vom Dezember 2017... Und der nächste Versuch zu meinen besten Songs! Schon bei meinem ersten Buch "Blood On The Rooftops" hatte ich seitenlang meine "Songliste", und doch wieder was vergessen... Also diesmal BEST SONGS ALL TIME: Stairway To Heaven (Led Zeppelin), Blood On The Rooftops (Genesis), Time (Pink Floyd), Hotel California (Eagles), Bohemian Rhapsody (Queen), Supper's Ready (Genesis), A Day In The Life (The Beatles), Music (John Miles), Sweet Fanny Adams (Sweet), Metal Guru (T. Rex), Can The Can (Suzi Quatro), I' m The Walrus (The Beatles), Desperado (Eagles oder Linda Ronstadt), Fantasy (Earth Wind & Fire), Shaft (Isaac Hayes), Us and Them (Pink Floyd), Mad Man Moon (Genesis), While My Guitar Gently Weeps (The Beatles), Stripped (Depeche Mode), Why (Annie Lennox), Hammer Horror (Kate Bush), Telegraph Road (Dire Straits), Every Little Thing She Does Is Magic (The Police), Heartbreaker (Grand Funk Railroad), I Like Chopin (Gazebo), Private Dancer (Tina Turner), Master Blaster (Steviie Wonder), Hey Joe (Jimi Hendrix), Me And Bobbie McGee (Janis Joplin), Imagine (John Lennon), Silly Love Songs (Wings), Kinder an die Macht (Herbert Grönemeyer), Cowboy Rocker (Udo Lindenberg), Der Spinner (Nina Hagen Band), 99 Luftballons (Nena), Autobahn (Kraftwerk), Spoon (Can), Holiday (Scorpions), Lovemachine (Supermax), It's All Over Now Baby Blue (Them oder Van Morrisson oder Eric Burdon oder Falco etc), School (Supertramp), Wonderous Stories (Yes), California (Manfred Manns Earthband), Satisfction (Rolling Stones), The Rising (Bruce Springsteen), Trasher (Neil Young), And I Love Her (The Beatles), Burning Rope (Genesis), Nobody Does It Better (Carly Simon), Cowgirl In The Sand (Neil Young), Bahnhofskino (BAP), Eiszeit (Peter Maffay), Blaue Augen (Ideal), Der Mussolini (D.A.F.), Highway Star (Deep Purple), Ride On (AC/DC), Billy Jean (Michael Jackson), West End Girls (Pet Shop Boys), Like A Prayer (Madonna), True Colors (Cindy Lauper), Perfect Strangers (Deep Purple), The Message (Grandmaster Flash & The Furious Five), California Love (2 Pac feat Dr Dre), Forgotten Sons (Marillion), Brothers In Arms (Dire Straits), Roxanne (The Police), In Your Eyes (Peter Gabriel), Black Sunday (Jethro Tull), I Want Your Love (Chic), Sense Of Doubt (David Bowie), The Raven (Alan Parsons Projekt), Shine On Your Crazy Diamond (Pink Floyd), The River (Bruce Springsteen), Heroes (David Bowie), Teardrop (Massive Attack feat Liz Frasier), Clocks (Coldplay), One (U 2), We're All Alone (Rita Coolidge), Harvest Moon (Neil Young), November Rain (Guns N Roses), Dreams (Fleetwood Mac), Respect (Aretha Franklin), Stop In The Name Of Love (The Supremes) etc etc.... Garantiert wieder vergessen... Gerd Steinkoenig Gerd Stein 26.12.2024

Gerd Stein

PS 27.12.24: Africa (Toto), Tou Va Changer (Michel Fugain & Le Big Bazaar), Mr. Blue Sky (E.L.O.), Love Hurts (Nazareth), Radar Love (Golden Earing), Julia (Pavlov's Dog)...

1 Wo.

Antworten

Gerd Stein

PS 28.12.24: Beds Are Burning (Midnight Oil), Sind so kleine Hände (Bettina Wegner),

Verdamp lang her (BAP), Baker Street (Gerry Rafferty), Heart of Glass (Blondie), Heaven Must Be Missing An Angel (Tavaras), Heaven On The Backseat In My Cadilac (Hot Chocolate), I Wanna Funk With You Tonite (Giorgio), Catholic Girls (Frank Zappa), Blue Jeans Blues (ZZ Top), Der Traum ist aus (Ton Steine Scherben oder Rio Reiser)...

6 Tage

Antworten

Gerd Stein

I Feel Love (Donna Summer), Let's The Music Play (Shannon), Diamonds (Rihanna), In The Air Tonight (Phil Collins), Except From A Teenage Opera (Grocer Jack) / Keith West, Hey You (B.T.O.), Slabo Day (Peter Green), A Man I'll Never Be (Boston), Now and Then (The Beatles), Eternal Flame (The Bangles), With Or Without You (U 2), Sound Of Silence (Simon & Garfunkel), Ripples (Genesis), High Hopes (Pink Floyd), Run To The Hills (Iron Maiden), Dream On (Aerosmith), Cream (Prince), Nothing Compares 2 U (Sinead O'Connor), Fool's Ouvertüre (Supertramp), Fever Of Love (Sweet), I'll Meet You At Midnight (Smokie), Station to Station (David Bowie), Nutbush City Limits (Ike & Tina Turner), Be My Baby (The Ronettes), Waterloo Sunset (Kinks), Put Your Light On Me (Santana feat Everlast) und und und...

6 Tage

Antworten

Gerd Steinkoenig

Ach ja, das noch: When I Need You (Leo Sayer), If You Leave Me Now (Chicago), God Save The Queen (Sex Pistols), Celebrate (Kool & The Gang), Stan (Eminem feat Dido), Your Love Is King (Sade), Wake Me Up When September Ends (Green Day), Wuthering Heights (Kate Bush), Comes A Time (Neil Young), desweiteren, desweiteren. That's All Folks... Vielleicht diesmal die beste Songliste from my Life... Ich bräuchte ja schon weitere Songs von Genesis, Beatles, Pink Floyd und und...

Ääh nochmal, lach: In A Gadda Da Vida (Iron Butterfly), Buffalo Soldier (Bob Marley), Heat Of The Moment (Asia), A Whiter Shade Of Pale (Procol Harum), Nights In White Satin / Wildes Wasser (Moody Blues / Juliane Werding), Johnny B Goode (Chuck Berry), To Know Him Is To Love Him (Teddy Bears), In The Ghetto (Elvis Presley), Black & White (Michael Jackson), People Are People (Depeche Mode), Wonderwall (Oasis), The Wild Boys (Duran Duran), Marleen (Marianne Rosenberg), Willy (Konstantin Wecker), Der Tankerkönig (Hannes Wader), Star Spangled Banner (Jimi Hendrix, Woodstock Live 1969), Papa Was A Rolling Stone (Temptations), Sombody To Love (Queen), Eagle (Abba), Vivaldi La Vida (Coldplay), Lieb Vaterland (Udo Jürgens), Jump (Van Halen), Jump (Pointer Sisters), Roads (Portishead) und und und! (30.12.2024)

5 Tage

The Ride To Agadir

YOUTUBE.COM

The Ride To Agadir

Taken from Mike Batt's Schitzophonia album

Einer der vielen Songs aus meiner Fave-Songliste AFTERGLOW: nach meinem Post war tagelang "wieder Song vergessen". Waren ja noch mehrere zusätzliche Kommentare... Jetzt endgültig, das war's...

Portishead - Roads (Live From The Roseland Ballroom, NYC)

YOUTUBE.COM

Portishead - Roads (Live From The Roseland Ballroom, NYC)

Roads - Live from the Roseland Ballroom, NYC (1997) 'Roseland NYC Live '- 25th anniversary edi

July Morning (Uriah Heep), Take Five (Dave Brubeck), Lady Marmelade (La Belle)... Neue Version zu meiner großen Songliste AFTERGLOW... Mit 10 Fotos aus 10 CD-Samplers (complete Running Order), plus 6 Fotos meiner CD-Sammlung (Auswahl)... Doch noch dabei mit Spectral Mornings (Steve Hackett), Hot Stuff (Donna Summer), My Girl (Temptations), For Your Love (The Yardbirds).... (30.12.2024)

Zu meiner AFTERGLOW-Songliste: dieser Song MUSS dabei sein!! September 2017, Schlaganfall-Klinik in Alzey, im Zimmer allein am Anfang aus medizinischen Gründen. Und ein Fernseher war dabei. EIN Song war öfter dabei: dieser Ohrwurm Good Old Days... Es waren die ersten Tage und ich aus Überlebenstaktik, mit naturstoned-Leben, mit MUSIK!! Auch in 1000 Jahren ist dieser Song eingebrannt für immer! Damals war ich so drauf: kann ich wieder leben? Und sah dieses Video, und erinnerte aus alten Zeiten von Freunden, Lagerfeuer etc. Dieses Video war ua meine Noch-mehr-Motivation! In der AFTERGLOW-Songliste sind eben zT Leben, Gefühle, Gedanken, Erinnerungen, zB Time (Pink Floyd) oder If You Leave Me Now (Chicago) oder Mad Man Moon (Genesis) und eben Good Old Days... (30.12.2024)

MACKLEMORE FEAT KESHA - GOOD OLD DAYS (OFFICIAL MUSIC VIDEO)

YOUTUBE.COM

MACKLEMORE FEAT KESHA - GOOD OLD DAYS (OFFICIAL MUSIC VIDEO)

GEMINI - AVAILABLE NOWhttp://smarturl.it/MacklemoreGeminiDIRECTED BY Johnny Valencia

Aus der AFTERGLOW-Songliste.... Das muss rein...

King Crimson - In The Wake Of Poseidon (OFFICIAL)

YOUTUBE.COM

King Crimson - In The Wake Of Poseidon (OFFICIAL)

Robert Fripp guitars & Mellotron, Michael Giles drums, Peter Giles bass Greg Lake vocals with gu

Mit dabei in meiner AFTERGLOW-Songliste...

Frankie Goes To Hollywood - The Power Of Love

YOUTUBE.COM

Frankie Goes To Hollywood - The Power Of Love

Music video by Frankie Goes To Hollywood performing The Power Of Love. © 1984 Universal M

The Neverending Story über meine AFTERGLOW-Songliste... Neben dem 70er Disco-Klassiker von Santa Esmeralda, wäre noch den Der Kommissar-Klassiker I'd Love You To Want Me (Lobo 1973), I'm Not In Love (10cc), Blinded By The Light (Manfred Mann's Earthband), Hide In Your Shell (Supertramp), Is This Love (Whitesnake), The Redemption Song (Bob Marley), Rock N Roll Gipsy (Helen Schneider), I Love The Night (Blue Öyster Cult), Rock Is A Drug (Spliff), Polizisten (Extrabreit), Sendeschluss (BAP) und und... Das war's endgültig... Ein LifeSoundtrack mit vielen Songs (inkl die 16 Fotos) mit Gassenhauern, Erinnerungsstücke, Rock, Pop, Disco, Hardrock und und... (1.1.2025)

Santa Esmeralda - Don't let me Be Misunderstood

YOUTUBE.COM

Santa Esmeralda - Don't let me Be Misunderstood

El Música publicado aquí se publica por amor, no por la intención con fines de lucro o para violar

OK OK! Doch nochmal meine AFTERGLOW-Songliste! DIESER Song MUSS dabei sein... (2. Januar 2025)

Astrud Gilberto and Stan Getz - The Girl From Ipanema (1964) LIVE

YOUTUBE.COM

Astrud Gilberto and Stan Getz - The Girl From Ipanema (1964) LIVE

Please contact me if you know from which tv show this is OR how I can get a HQ copy of this.I as

Aus meiner AFTERGLOW-SONGLISTE... (2. Januar 2025)

Wolfsheim - Kein Zurück

YOUTUBE.COM

Wolfsheim - Kein Zurück

ES GEHT KEIN WEG ZURÜCK!!!Regie: Detlev Buck

Aus der AFTERGLOW-SONGLISTE... Hatte viel gelesen 2024 von Keith's Biografie! Ein dicker Wälzer! Ein Leben in 10 Leben Aus allen Jahrzehnten, Zeitgeister, Musiker! Die Stones Leben immer noch seit 1962!! (3. Januar 2025, 00:01h)

The Rolling Stones - Sympathy For The Devil (Live) - OFFICIAL

YOUTUBE.COM

The Rolling Stones - Sympathy For The Devil (Live) - OFFICIAL

- A brand new studio album from The Rolling Stones... Hackney Diamonds ☀Out October 20th

Aus den AFTERGLOW-SONGLISTE... Endlich der letzte Song, lach... DAS sind nun "offiziell" meine Life-Songs! Und natürlich in sehr guter Gesellschaft: von meiner Lieblingsband Genesis ! Mit FADING LIGHTS ist der letzte große Song von Genesis (ausgeliehen mit ein paar Sekunden aus "Ripples", das letzte große Wahnsinns-Solo von Tony Banks)! Und meine Songliste ist nun auch vorbei... (3. Januar 2025, 00:21h)

Genesis - Fading Lights (1991 - Original CD Master)

YOUTUBE.COM

Genesis - Fading Lights (1991 - Original CD Master)

Ein Progrock-Epos von Anathema mit Dreaming Light! Ein grandioses Video! Die Zugabe für meine AFTERGLOW-SONGLISTE... (4. Januar 2025)

Anathema - Dreaming Light (from We're Here Because We're Here)

YOUTUBE.COM

Anathema - Dreaming Light (from We're Here Because We're Here)

Zugabe II AFTERGLOW-SONGLISTE... Light My Fire!! Das Album, was da steht, hab ich ☺

The Doors - Light My Fire

YOUTUBE.COM

The Doors - Light My Fire

Band: The DoorsAlbum: The Very Best of The DoorsRelease date: 2001Track number: 2Genre: Psyc

Gerd Stein

2 Std. ·

Zugabe III AFTERGLOW-Songliste!! FREE YOUR MIND von En Vogue! (4. Januar 2025)

En Vogue - Free Your Mind (Official Music Video) [HD]

YOUTUBE.COM

En Vogue - Free Your Mind (Official Music Video) [HD]

Official music video for En Vogue - "Free Your Mind" from 'Funky Divas' (1992) fromthe

'Funky Divas: Expanded Edition (2022 Remaster)' available digitally no...

Hallo Elisabeth J. ☺ Für Dich poste ich sogar Schlager ☺ Glückliches, friedliches, liebevolles neues Jahr 2025 ☺

Marianne Rosenberg - Er gehoert zu mir (ZDF Disco 05.07.1975)

YOUTUBE.COM

Marianne Rosenberg - Er gehoert zu mir (ZDF Disco 05.07.1975)

Der Auftritt von Marianne Rosenberg zu „Er gehört zu mir" bei der ZDF Disco 05.07.1975. Alle Lieder von Marianne Rosenberg kannst Du hier anhören: https://ln...

BILDER!GALERIE

Other Perspectives

TANGO

Elsbieta Chomicz

Roger Glover, Ian Gillan (Deep Purple)

Putafinger Down

KATE BUSH!!

Catrina Citra

Ringo & Paul, die verbliebenen Beatles: Ringo 84, Paul 82 (2024)

1974
2024

SADE
Diamond Life
SADE
DIAMOND

Annweiler am Trifels 2

Heutzutage prahlen Kinder damit, dass sie das neuste iPhone zu Weihnachten bekommen haben...
...Ich habe noch damit angegeben, dass ich den neuen AC/DC Song auf Kassette aufgenommen habe
RADIO
21
bester
ROCK
'N POP

40
Michael
Jackson
Thriller
MADONNA
CELEBRATION

Teile dieses Bild,
wenn du
keine
Silvesterknaller kaufst.
Danke
SONIAS
Sprüche
Bilder
SONIAS Sprüche Bilder

3sat | THEMENTAG

Australien hat ein Meereschutz-
gebiet vervierfacht – und schützt
nun mehr Ozeane als jedes
andere Land.
FAKTASTISCH.DE
Quelle: https://is.gd/HLgozg
FOTO © SEANSCOTTPHOTOGRAPHY / SHUTTERSTOCK.COM

GENESIS

BBC Broadcasts

CD1

Night Ride (1970)
01 Shepherd
02 Pacidy
03 Let Us Now Make Love

Paris (1972)
04 Fountain Of Salmacis
05 The Musical Box

Sound Of The 70s (1971)
06 Stagnation

Sound Of The 70s (1972)
07 Harlequin

Top Gear (1972)
08 Get 'Em Out By Friday

Sound Of The 70s (1972)
09 Harold The Barrel

Top Gear (1972)
10 Twilight Alehouse

Wembley Arena (1975)
11 Watcher Of The Skies

CD2

Knebworth (1978)
01 Squonk
02 Burning Rope
03 Dance On A Volcano
04 Drum Duet
05 Los Endos

Lyceum (1980)
06 Deep In The Motherlode
07 Dancing With The Moonlit Knight
08 The Carpet Crawlers
09 One For The Vine
10 Behind The Lines
11 Duchess
12 Guide Vocal
13 Turn It On Again
14 Duke's Travels
15 Duke's End

CD3

Lyceum (1980) [Cont]
01 Say It's Alright Joe
02 The Lady Lies
03 Ripples
04 In The Cage
05 The Raven
06 Afterglow
07 Follow You, Follow Me
08 I Know What I Like (In Your Wardrobe)
09 The Knife

Wembley (1987)
10 Mama
11 Domino

CD4

Wembley (1987) [Cont]
01 That's All
02 The Brazilian
03 Throwing It All Away
04 Home By The Sea
05 Second Home By The Sea
06 Invisible Touch
07 Drum Duet
08 Los Endos

NEC (1998)
09 Not About Us
10 Dividing Line

CD5

Knebworth (1992)
01 No Son Of Mine
02 Driving The Last Spike
03 Old Medley
04 Fading Lights
05 Hold On My Heart
06 I Can't Dance

EMI BBC UMC

6 02435 68641 7

ESCHER
Annweiler am Trifels, ohne Trifels... (2.1.25)

KATE BUSH
Hounds Of Love

SEPTEMBER 1985 | EMI

DISCOGS-WERT DER ERSTPRESSUNG (UK) € 24
€ 60

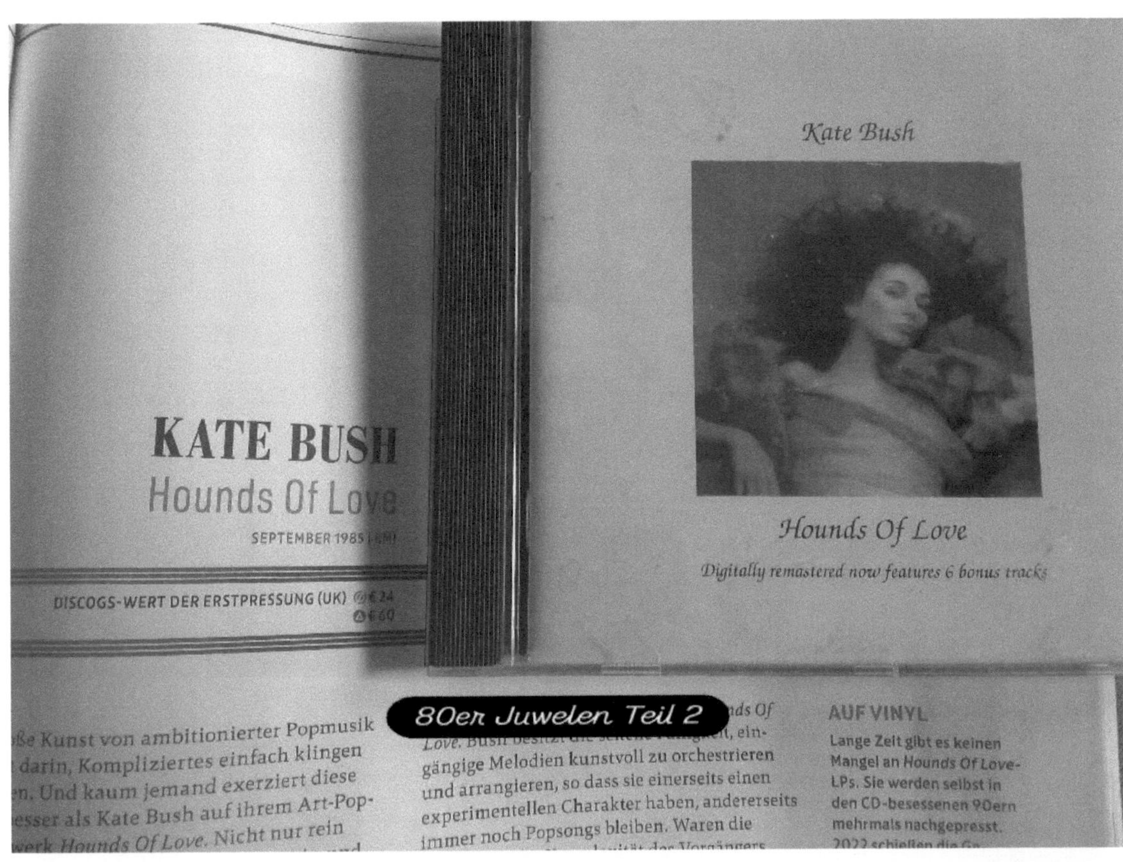

...ße Kunst von ambitionierter Popmusik
... darin, Kompliziertes einfach klingen
...en. Und kaum jemand exerziert diese
...esser als Kate Bush auf ihrem Art-Pop-
...werk *Hounds Of Love*. Nicht nur rein

...*Hounds Of Love*. Bush besitzt die seltene Fähigkeit, ein-
gängige Melodien kunstvoll zu orchestrieren
und arrangieren, so dass sie einerseits einen
experimentellen Charakter haben, andererseits
immer noch Popsongs bleiben. Waren die

AUF VINYL

Lange Zeit gibt es keinen
Mangel an *Hounds Of Love*-
LPs. Sie werden selbst in
den CD-besessenen 90ern
mehrmals nachgepresst.
2022 schießen die Ge...

DIE STRAITS
Brothers In Arms

MAI 1985 | VERTIGO

DISCOGS-WERT DER ERSTPRESSUNG (UK) € 16
€ 50

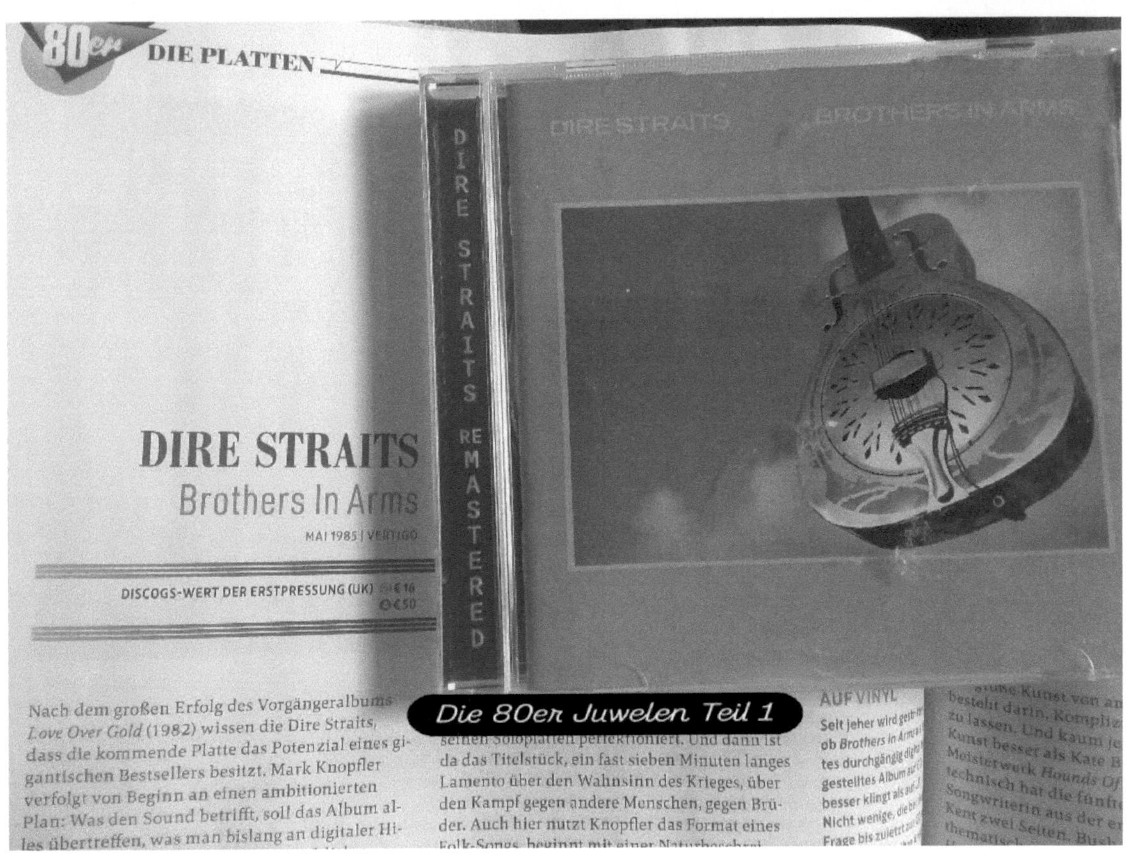

Nach dem großen Erfolg des Vorgängeralbums
Love Over Gold (1982) wissen die Dire Straits,
dass die kommende Platte das Potenzial eines gi-
gantischen Bestsellers besitzt. Mark Knopfler
verfolgt von Beginn an einen ambitionierten
Plan: Was den Sound betrifft, soll das Album alles übertreffen, was man bislang an digitaler Hi-

...seinen Soloplatten perfektioniert. Und dann ist
da das Titelstück, ein fast sieben Minuten langes
Lamento über den Wahnsinn des Krieges, über
den Kampf gegen andere Menschen, gegen Brü-
der. Auch hier nutzt Knopfler das Format eines
Folk-Songs, beginnt mit einer Naturbeschrei...

AUF VINYL

Seit jeher wird gestr...
ob *Brothers In Arms*...
tes durchgängig digit...
gestelltes Album auf C...
besser klingt als auf J...
Nicht wenige, die be...
Frage bis zuletzt zu...

...große Kunst von an...
besteht darin, Kompliz...
zu lassen. Und kaum je...
Kunst besser als Kate B...
Meisterwerk *Hounds Of*...
technisch hat die fünf...
Songwriterin aus der er...
Kent zwei Seiten. Bush...
thematisch...

KATE BUSH
DIRE STRAITS
Brothers In Arms
MAI 1985 / VERTIGO
DIRE STRAITS REMASTE

Lebenssonne 27.12.2024
PhotoMania

Beten, und dann loslassen.
Versucht nicht, das Ergebnis
zu erzwingen.
Vertraut einfach darauf,
dass Gott die richtigen Türen
zur richtigen Zeit öffnen wird.
Amen

Annweiler am Trifels 28.12.2024

LIFE
IM KRIEG
SERPENS
Sven Pfandsein und Hans-Joachim Kritsch
Annweiler
ZeitSPRÜNGE
DIE VERTRÄGE
FRANKREICH

GENESIS
BBC Broadcasts
CD2
Knebworth (1978)
01 Squonk
02 Burning Rope
03 Dance On A Volcano
04 Drum Duet
05 Los Endos
Lyceum (1980)
06 Deep In The Motherlode
07 Dancing With The Moonlit Knight
08 The Carpet Crawlers
09 One For The Vine
10 Behind The Lines
11 Duchess
12 Guide Vocal
13 Turn It On Again
14 Duke's Travels
15 Duke's End
CD3
Lyceum (1980) (Cont)
01 Say It's Alright Joe
02 The Lady Lies
03 Ripples
04 In The Cage
05 The Raven
06 Afterglow
07 Follow You, Follow Me
08 I Know What I Like (In Your Wardrobe)
09 The Knife
Wembley (1987)
10 Mama
11 Domino
CD4
Wembley
01 That's All
02 The Brazilian
03 Throwing It
04 Home By The
05 Second Home
06 Invisible Touch
07 Drum Duet
08 Los Endos
NEC (1998)
09 Not About Us
10 Dividing Lines
CD5
Knebworth
01 No Son Of M
02 Driving The
03 Old Medley
04 Fading Lights
05 Hold On My
06 I Can't Dance

JOACHIM HENTSCHEL
ZU GEIL
FÜR

ROGER WATERS
US + THEM
The BEATLES

Michael Jackson
Thriller

Schlussstatement!

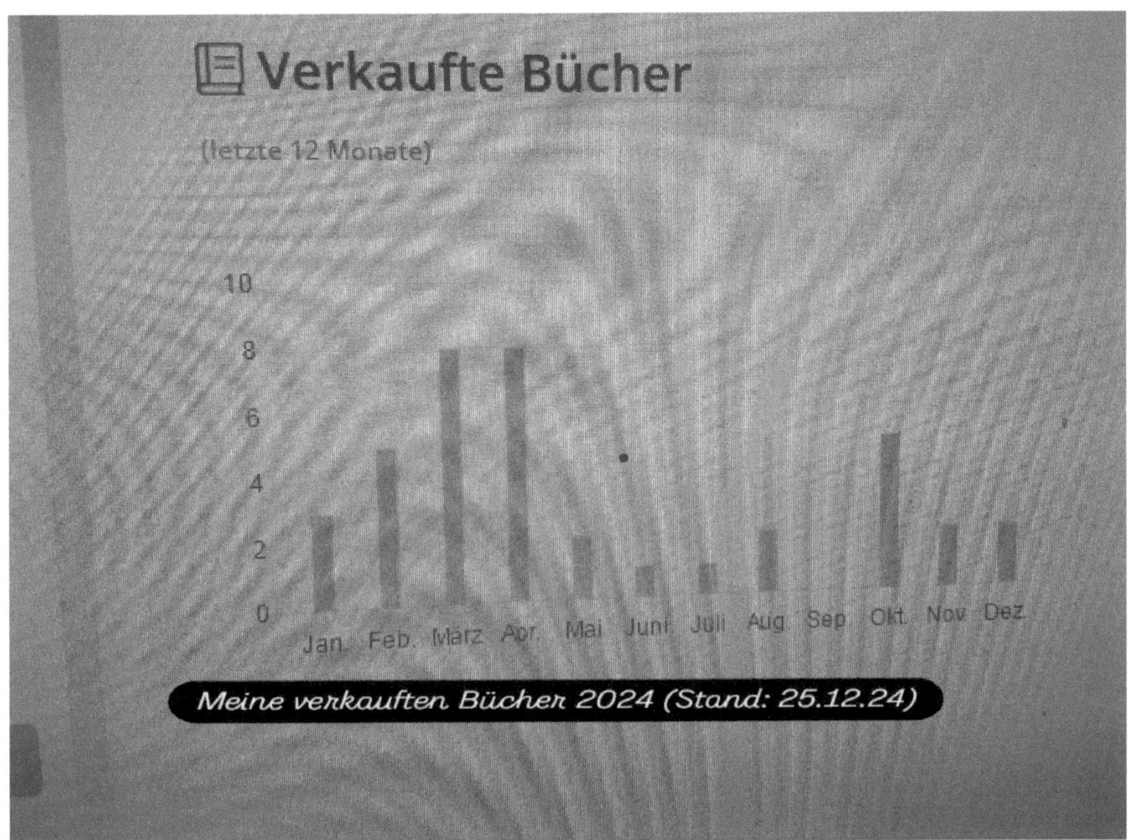

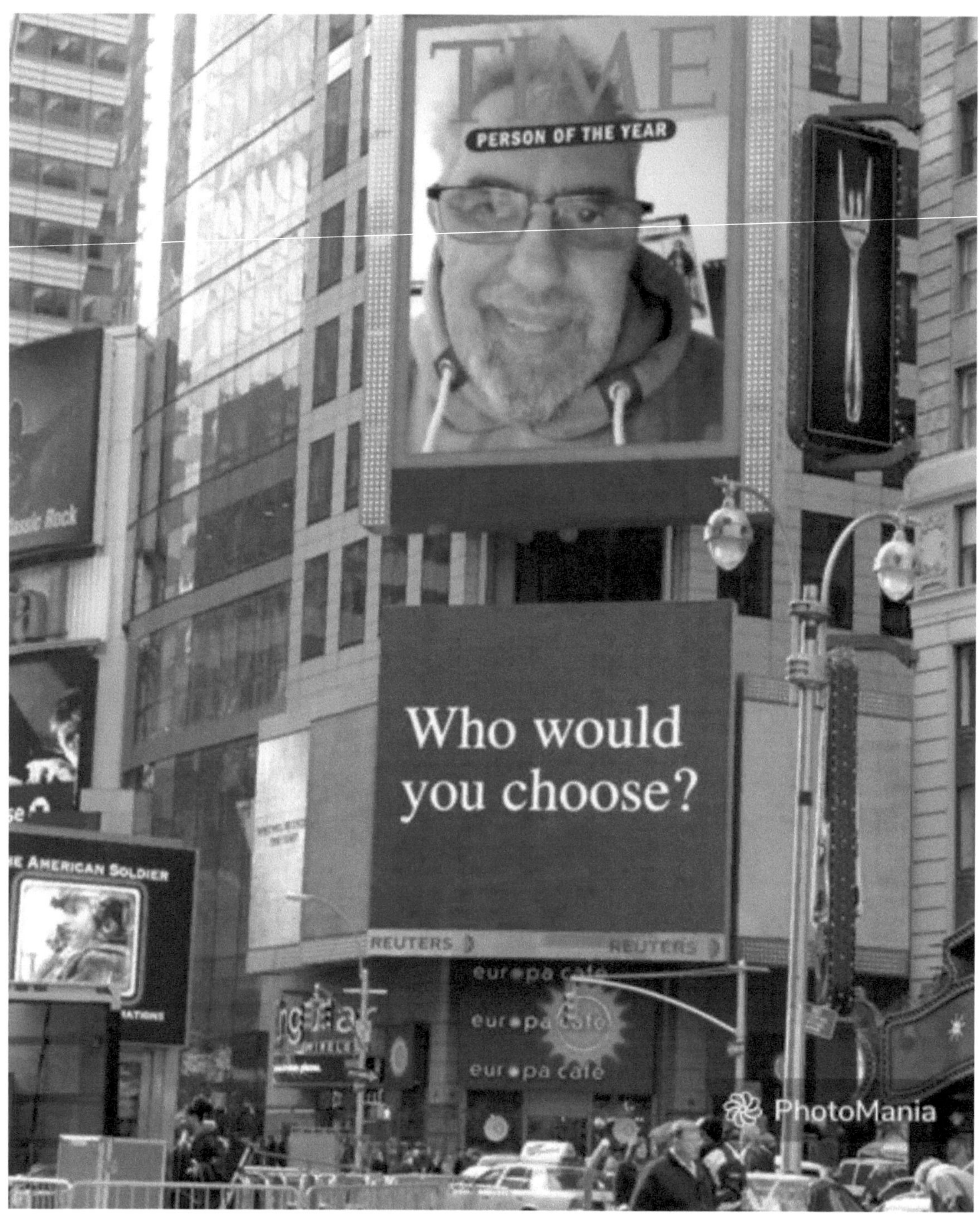

Typical der Autor.... Schnell Zugabe... . Perfektion und so....

Gerd Steinkoenig

2 Std. ·

Mit Deine Freunde geteilt

Ca 3 1/2 Stunden gearbeitet zu meinem neuen Buch. Es wurde - mal wieder - gekürzt,
trotzdem alles da: meine Lyrics, Prosaen, Afterglow-Songliste! Mein Momentum:
Weihnachten 24 bis 4. 1. 25! Mich wundert, das es nur 3,5 Std waren. Durch meine
Durcheinander/Accounts-Organisation hab ichs hingekriegt. Am MO oder DI geh ich wieder
in meine "PDF-Stadt", damit ich wieder zu meinem Verlag rüberbeamen kann. DEMNÄCHST
FÜR EUCH, IHR LIEBEN!! Das Buch heißt WEIT WEG WEG VERSCHWIMMEN ENTFERNTE
LICHTER! (4.1.2025)

Gerd Stein

27. Dezember 2024 um 13:21 ·

History! DIE Performance von Sweet!!

Sweet - Sweet F.A. - Musikladen 20.02.1974 OFFICIAL

YOUTUBE.COM

Sweet - Sweet F.A. - Musikladen 20.02.1974 OFFICIAL

"Sweet F.A." comes from Sweet's 1974 album Sweet Fanny Adams. Here they're performing
th

Gerd Steinkoenig

1. Januar um 01:10 ·

Mit Deine Freunde geteilt

2 Songs nochmal aus meiner AFTERGLOW-Liste (jetzt 1 Std 3 Min im new Jahr 2025...):
Amarillo (Tony Christie, 1971-Ohrwurm, irgenwann 2024 hab ich sogar die T.C. -CD gekauft
wegen Amarillo, 1971 war bei mir Geschwister-Scholl-Schule KL), Bette Davis Eyes (Kim
Carnes 1981, juhuu, der Song ist dabei - oft vergessen bei meinen Books, aber jetzt!! Dieser
Groove, diese Stimme! Geil! 1981 wohnte/arbeitete ich in Monnem).

(uff, womöglich vergessen... Doppelt hält besser...)

THE LAMB LIES DOWN ON BROADWAY (GENESIS 1974)

The Lamb Lies Down on Broadway is the **sixth** studio album by the progressive rock band. It was released as a double album on 22 November 1974, It's last album the lead vocalist Peter Gabriel.

Track Listing :

Side One

No. Title Length

1. "The Lamb Lies Down on Broadway"

2. "Fly on a Windshield"

3. "Broadway Melody of 1974"

4. "Cuckoo Cocoon"

5. "In the Cage"

6. "The Grand Parade of Lifeless Packaging"

Side Two

1. "Back in N.Y.C."

2. "Hairless Heart"

3. "Counting Out Time"

4. "Carpet Crawl"

5. "The Chamber of 32 Doors"

Side three

1. "Lilywhite Lilith"

2. "The Waiting Room"

3. "Anyway"

4. "Here Comes the Supernatural Anaesthetist"

5. "The Lamia"

6. "Silent Sorrow in Empty Boats"

Side Four

1. "The Colony of Slippermen"

a. "The Arrival"

b. "A Visit to the Doktor"

c. "The Raven"

8:13

2. "Ravine"

3. "The Light Dies Down on Broadway"

4. "Riding the Scree"

5. "In the Rapids"

6. "it."

Gerd Stein hat ein neues Foto zu dem Album „Ab 3. Dez 2024" hinzugefügt.

23. Dezember 2024 um 23:19 ·

KUNST IN DIVERSEN EBENEN

Wenn ein Promi-Idiot Bücher kitzelt: Platz 1 SPIEGEL-Bestseller-Liste

Wenn ich ein Buch schreibe: keine Notierung, absolut nix

Wenigstens bin ich durch #BoD bei Google "Autor" mit Werbung

Wenn ein Promi-Idiot ein Bild kritzelt: mindestens 10000 Euro

Wenn ich ein Bild zeichne, lachen die Leute (ok, ich kann es nicht)

Aber wenn Lindis Eierlikör-Bilder macht: Ausstellungen und Geld

Schließlich ist er Udo Lindenberg....

Wenn ich (2013) im Bürger-TV OK-KL eine Show kreiren wollte

meinte der Chef: nöö! Obwohl BÜRGER-TV!

In der Jugendredaktion war eine tolle Frau und hat es durchgeboxt

Dadurch war ich Produzent/Moderator in 5 Musik-Shows

SMOKE-das Musikcafe (2013/2014)

Schon 2013/14 war uniformierter Mainstream, sogar

in der Jugendredaktion - die Zukunft im richtigen TV...

Bei meinen Fotos als Fotograf hab ich meine Spielwiese

In meinen ISBN-Books (inkl 3 Fotobände und viel mehr)

Aber im Trifelskurier interessiert das keinen - wegen Vitamin B...

Von Annweiler am Trifels-Fotos by Gerd und in meinen Books

kreirte ich einige geniale Fotos - interessiert keinem...

Wenn ich über meine Lyrics, Fotos, Videos zelebriere

Wenn ich meine Synapsen, Seele, Bauch balsamiere

freue ich mich und sonne meine Kreativität

Und lache über die horizontlosen Mainstreammenschen

C P Gerd Steinkoenig Gerd Stein 23.12.2024

Foto: der Autor (Annweiler-Foto)

Chiara Ives Gaf

Mitglied mit herausragender Beteiligung

· 19. Dezember 2024 um 18:33 ·

The night before Christmas.

By Mitchell Toy

Gerd SteinGerd Steinkoenig

24. Dezember 2024 um 11:28 ·

Gerd Stein

24. Dezember 2024 um 11:23 ·

Ich durfte es erleben in diese Konzert-Reihe! Natürlich nicht Budapest, sondern Mannheim oder Heidelberg 1983...

Manfred Mann's Earth Band - For You (Live in Budapest 1983)

YOUTUBE.COM

Manfred Mann's Earth Band - For You (Live in Budapest 1983)

Subscribe here for more official Manfred Mann videos! http://goo.gl/M2Ma1tFaceboo

Gerd Steinkoenig

31. Dezember 2024 um 00:05 ·

Mit Deine Freunde geteilt

Oasis - Don't Look Back In Anger (Official HD Remastered Video)

YOUTUBE.COM

Oasis - Don't Look Back In Anger (Official HD Remastered Video)

Oasis - Don't Look Back In Anger (Official HD Video) [Remastered]SUBSCRIBE ▶
https://Oasis.lnk.to/YTSubscribeYo Check out the official '(What's The Story) M...

BRITISH ROCK IS THE MONSTER THAT CONQUERED THE WORLD — FROM HUMBLE BEGINNINGS AT THE DAWN OF THE 1960S, BRITISH ROCK BECAME A MIGHTY BEAST THAT SOLD HUNDREDS OF MILLIONS OF ALBUMS AND PACKED STADIUMS FROM RIO TO MOSCOW. FEATURED ACROSS THESE 2 CDS ARE 34 CLASSIC BRITISH HARD ROCK, PROGRESSIVE, PSYCHEDELIC, GLAM, BLUES, HEAVY ROCK AND METAL RECORDINGS FROM THE MID 1960S ONWARDS. CONTAINS DETAILED SLEEVENOTES IN AN 8 PAGE BOOKLET.

CD1
1. EMERSON, LAKE & PALMER — FROM THE BEGINNING
2. CARAVAN — IF I COULD DO IT ALL OVER AGAIN, I'D DO IT ALL OVER YOU
3. STATUS QUO — PICTURES OF MATCHSTICK MEN
4. CLIMAX BLUES BAND — COULDN'T GET IT RIGHT
5. FLEETWOOD MAC — THE GREEN MANALISHI (WITH THE TWO PRONG CROWN)
6. BRUNNING SUNFLOWER BLUES BAND — RIDE WITH YOUR DADDY TONIGHT
7. ATOMIC ROOSTER — TOMORROW NIGHT
8. JUICY LUCY — WHO DO YOU LOVE
9. MAN — BROTHER ARNOLD'S RED AND WHITE STRIPED TENT
10. PETER GREEN — SLABO DAY
11. URIAH HEEP — JULY MORNING
12. SAMSON — HARD TIMES
13. JOHN MAYALL — BLUE FOX (LIVE)
14. COLOSSEUM — WALKING IN THE PARK
15. CHICKEN SHACK — GOING DOWN
16. NAZARETH — THIS FLIGHT TONIGHT
17. MAGNUM — ALL OF MY LIFE

CD2
1. STATUS QUO — RAILROAD
2. THE YARDBIRDS — FOR YOUR LOVE
3. SWEET — THE BALLROOM BLITZ
4. GIRLSCHOOL — HIT AND RUN
5. URIAH HEEP — THE WIZARD
6. EMERSON, LAKE & PALMER — BRAIN SALAD SURGERY
7. GARY MOORE — REALLY GONNA ROCK TONIGHT
8. VENOM — WELCOME TO HELL
9. FLEETWOOD MAC — WORLD IN HARMONY
10. MAGNUM — KINGDOM OF MADNESS
11. VELVETT FOGG — TELSTAR '69
12. COLOSSEUM — THE KETTLE
13. RAVEN — DON'T NEED YOUR MONEY
14. QUATERMASS — GEMINI
15. BAKER GURVITZ ARMY — HELP ME
16. ANGEL WITCH — ANGEL WITCH
17. NAZARETH — LOVE HURTS

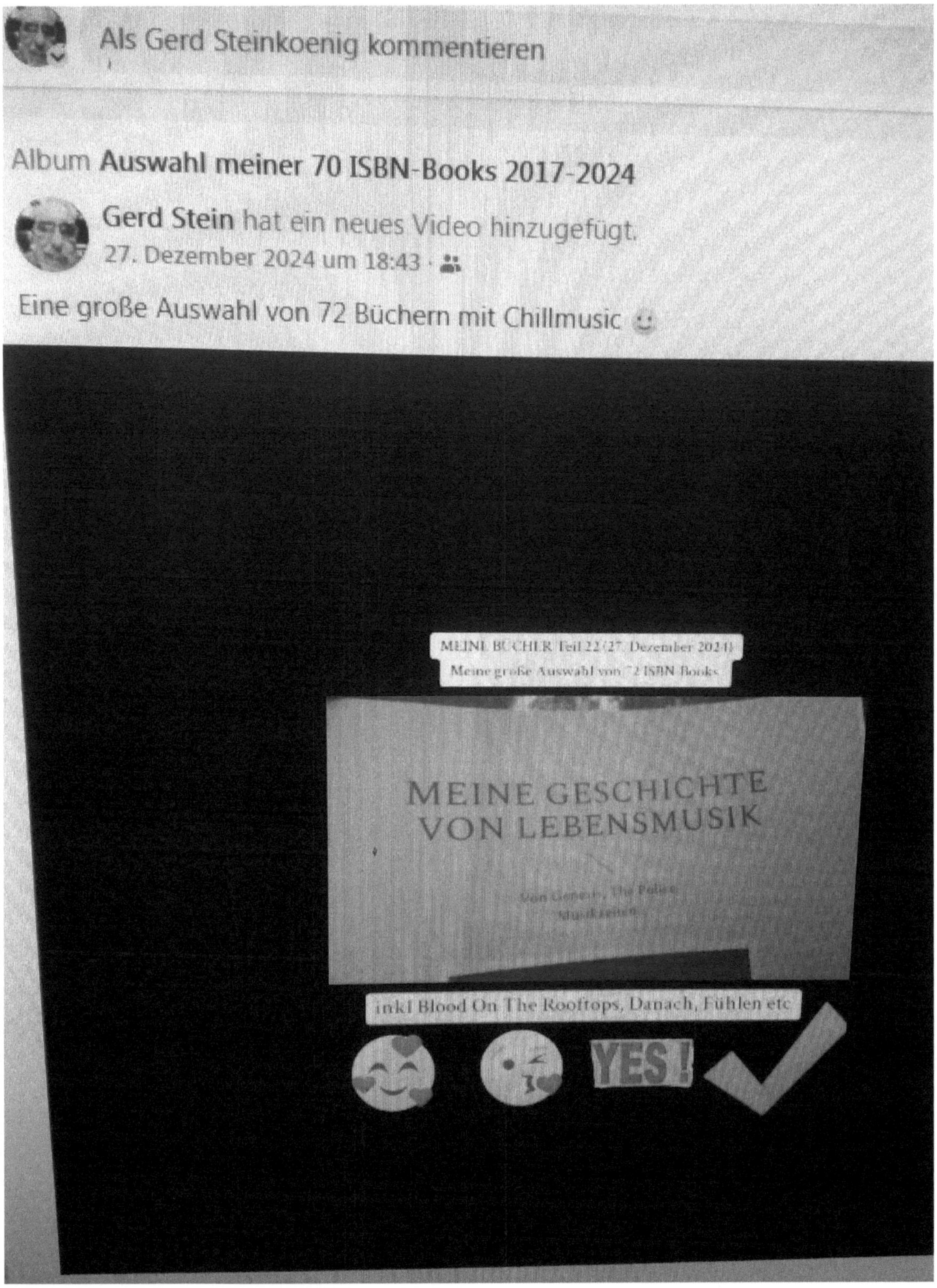

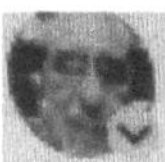

Als Gerd Steinkoenig kommentieren
Album **Auswahl meiner 70 ISBN-Books 2017-2024**
Gerd Stein hat ein neues Video hinzugefügt.
27. Dezember 2024 um 18:43 ·
Eine große Auswahl von 72 Büchern mit Chillmusic
MEINE BÜCHER Teil 22 (27. Dezember 2024)
Meine große Auswahl von 72 ISBN-Books
MEINE GESCHICHTE VON LEBENSMUSIK
inkl Blood On The Rooftops, Danach, Fühlen etc
YES !

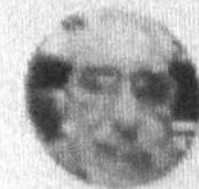

„Es war einfacher,
mich von zwei
Männern scheiden zu
lassen, als in die Rock
and Roll Hall of
Fame aufgenommen
zu werden."
(Cher hat es nun doch noch in die
Rock'n'Roll-Ruhmeshalle geschafft)

TOP 10 ALBEN

1. **Sade:** Diamond Life
2. **Deep Purple:** Perfect Strangers
3. **Herbert Grönemeyer:** 4630 Bochum
4. **Alphaville:** Forever Young
5. **Tina Turner:** Private Dancer
6. **Stevie Wonder:** The Woman In Red (OST)
7. **Audrey Landers:** Wo der Südwind weht
8. **Prince & The Revolution:** Purple Rain
9. **Depeche Mode:** Some Great Reward
10. **Jennifer Rush:** Jennifer Rush

TOP 10 ALBEN

USA

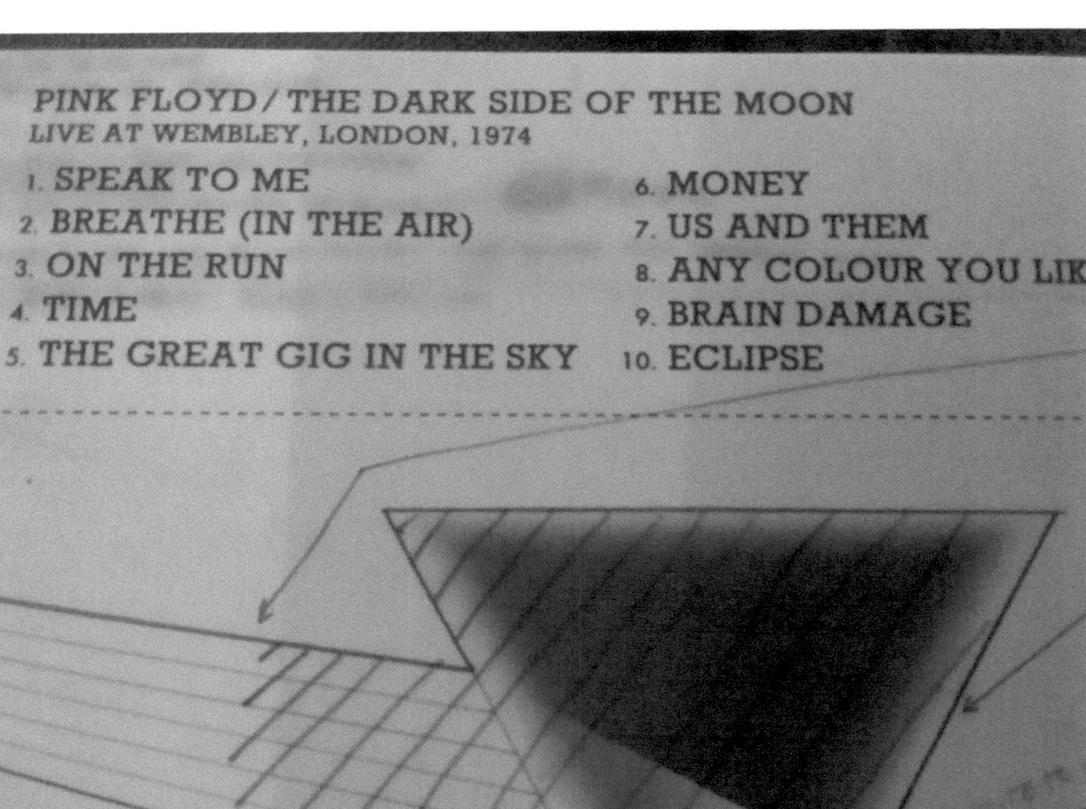

PINK FLOYD / THE DARK SIDE OF THE MOON
LIVE AT WEMBLEY, LONDON, 1974
1. SPEAK TO ME
2. BREATHE (IN THE AIR)
3. ON THE RUN
4. TIME
5. THE GREAT GIG IN THE SKY
6. MONEY
7. US AND THEM
8. ANY COLOUR YOU LIK
9. BRAIN DAMAGE
10. ECLIPSE

50 Jahre
Rock!
CD 1
CD 2

Quodgasse

OK OK, nicht 3 1/2 Stunden, sondern weit über 4 Stunden, lach...

Vielen Dank an alle Leser:innen, Käufer:innen, Schmökerer, Desinteressente und und!

Für meine Eltern (Mutter hat ca 11, 12 Bücher gelesen, Vater konnte nicht lesen /R.I.P.)

Für Großvater (mein "erstes Buch" war mit ca 12 durch sein Tagebuch / WW I, WW II)

Für Guiseppa (SHEE las 1983 mein Manuskript Story of Rock, meine Inspiration)

Für Stefan R. (wir unterhielten uns über my books, bald ist my Betreuer weg)

Für Romina K. (meine Sonne für meine inspirierte Motivation)

Für Frau Engel, RAin A.L.W., Mrs P, Stefan P, desweiteren!

That's All, Folks nach 73 ISBN-Büchern

Alle 73 Books sind EIN Buch!!

C P Gerd Steinkoenig, 4. Januar 2025 23:04h

Für mich DAS letzte Buch! Und ich hatte heute bei meinem fb-Account "Gerd Stein" mein
alter Account "Gerd Gerd" entdeckt (verschollenes Pasword, bla bla...) und es sollte wohl so
sein: Fotos vom Juli, August, September 2016, 1 x 2017! Von Annweiler 2016 (da war ich erst
gut 1 Jahr in Annweiler). Schwedelbach-Grundstück Eltern 2016, DAS FOTO mit meinen
Eltern: zum letzten Mal zusammen von mir als Foto - ca 6 Monate vor seinem irdischen Tod.
Das Foto entstand nach einem Essen ganz in der Nähe von Schwedelbach. Hier nun diese
Fotos:

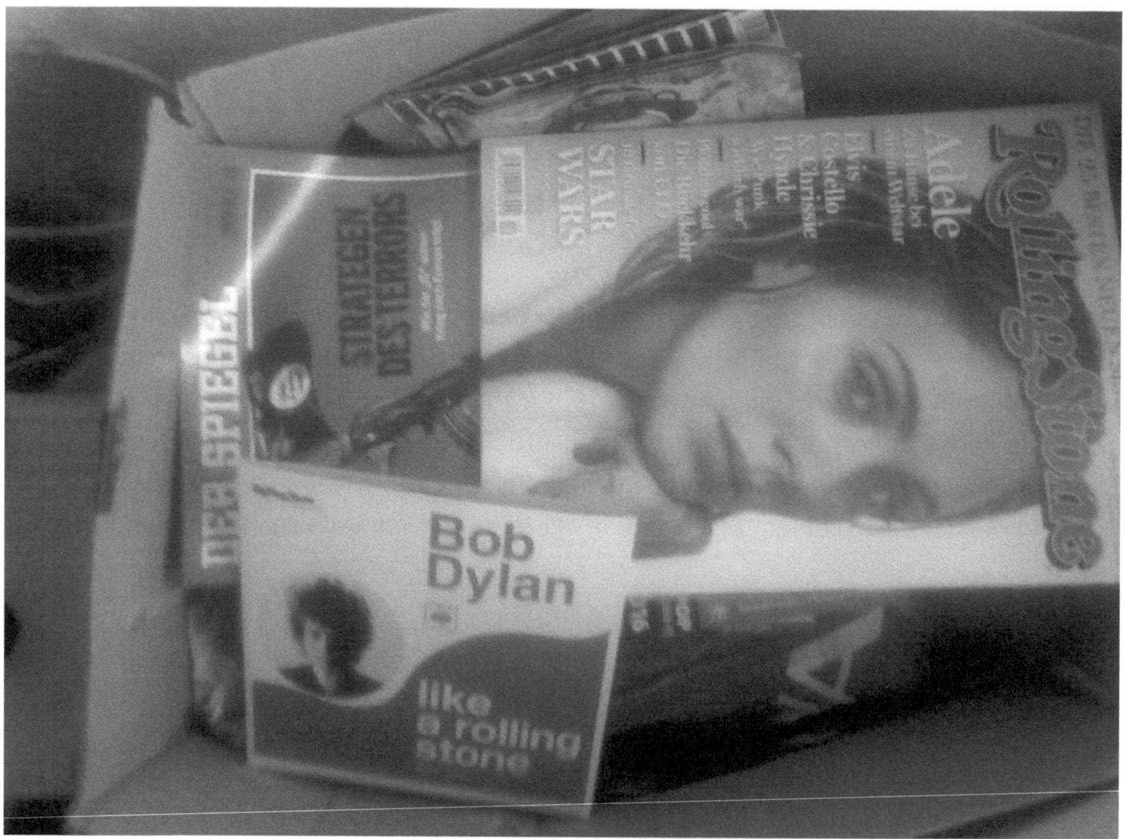

DER SPIEGEL
STRATEGEN DES TERRORS
STAR WARS
Adele
Elvis Costello & Chrissie Hynde
Rolling Stone
Bob Dylan
like a rolling stone

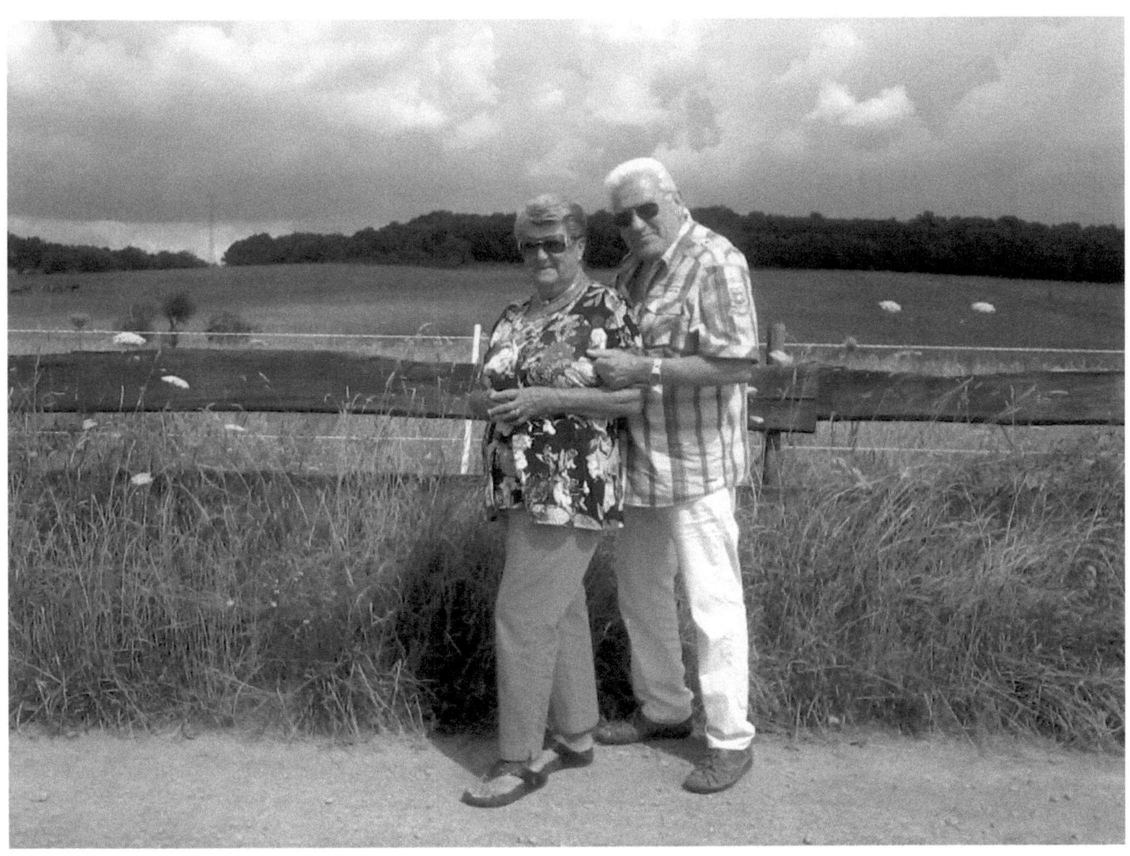

Meine Eltern zusammen, letztes Foto, 7. August 2016 (Schwedelbach)

Wenn ich schon dabei bin... Weitere Fotos... Von 2024, 2 Pics Bad Bergzabern August 2020.

Siebeldingen 5,8
LD-Godramstein 3,4
Universität
Bad Bergzabern 20
Rathaus 0,4
Innenstadt
Germersheim 23
LD-Nußdorf 2,8
0,3
Zoo
Zentrum
Klinikum
Bethesda
Universität
Zoo
ADAC

DEPECHE MODE
Black Celebration
MÄRZ 1986 | MUTE
DISCOGS-WERT DER ERSTPRESSUNG (UK) für € 48
Ø € 132
... die schwarze Messe im Werk von Depeche
Mode und mit Sicherheit das schwärzeste Album,
... in den 80ern die LP-Charts von innen sieht.
... zählten die englischen Synthie-Popper
Nicht dass die Band auf den beiden vorangegan-
gen Alben bunte Happy-go-lucky-Sunshine-Hits
gespielt hätte, auch vorher war ihr Synthie-Pop
von Industrial-Elementen durchzogen. Aber so
... f Black Celebration haben sich
AUF VIN
Vinyl-Au
Celebrat
im Wa
Min

GUNS N' ROSES
CONTAINS
LYRICS WHICH
SOME PEOPLE
MAY FIND
OFFENSIVE
INCLUDES
THE SINGLES
SWEET CHILD
O' MINE
AND
WELCOME TO
THE JUNGLE
APPETITE FOR DESTRUCTION
THE DAY THE MUSIC
JULY 13
1985
LIVE
AID
4-DVD SET
ROGER WATERS
US+THEM
CHOOSE
LOVE
148
SEITEN
genesis
Rock
GENESIS
DAS SONDERHEFT
55
JAHRE
DIE GANZE
GESCHICHTE
Mit exklusiven Interviews von
Collins, Gabriel, Rutherford, Banks und Hackett
Fischer-Z
DAVID GILMOUR
LIVE AT POMPEII
Steve Hackett

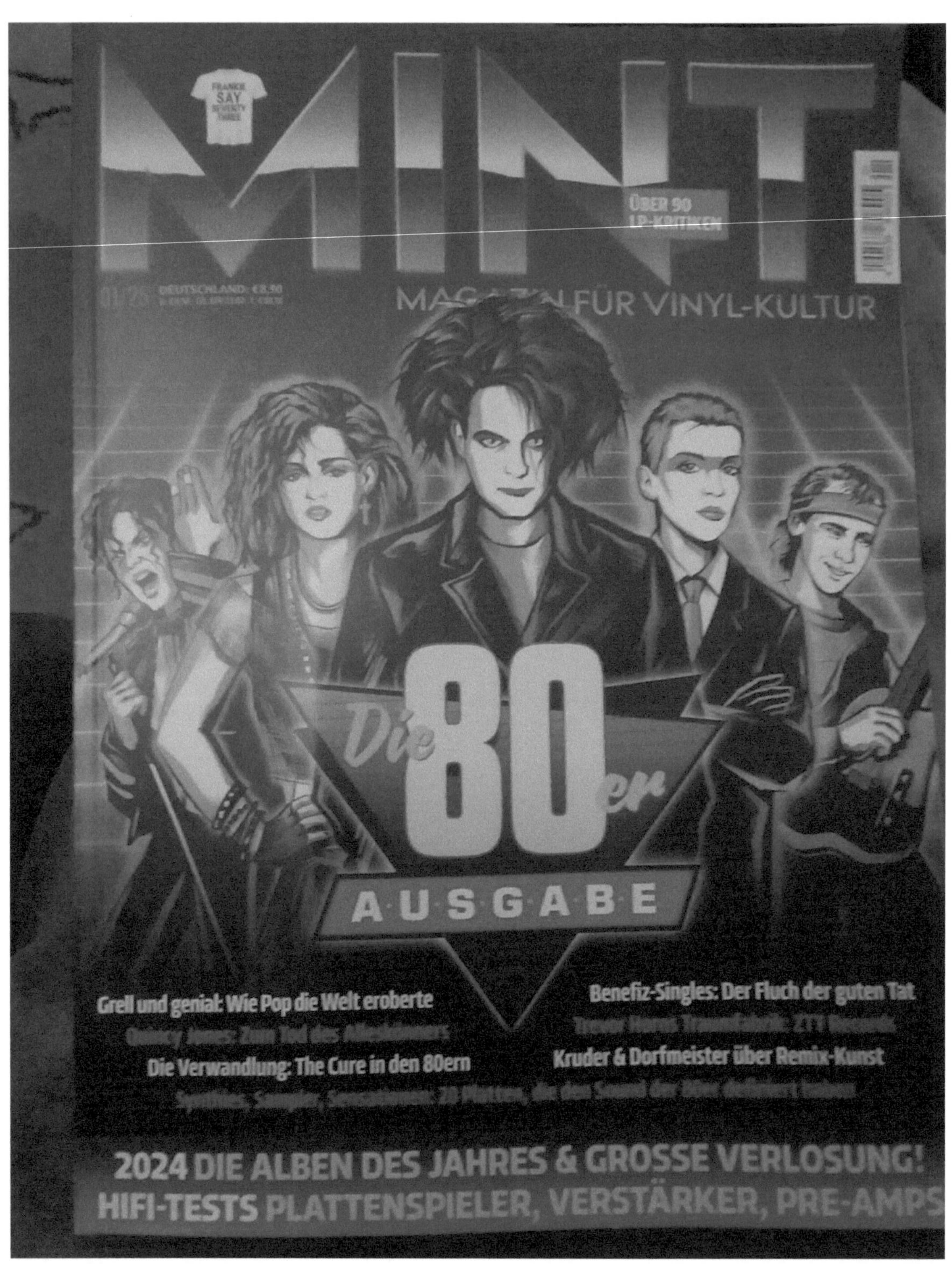

FRANKIE SAY SEVENTY THREE
MINT
ÜBER 90 LP-KRITIKEN
01/25 DEUTSCHLAND: €8.50
MAGAZIN FÜR VINYL-KULTUR
Die 80er
AUSGABE
Grell und genial: Wie Pop die Welt eroberte
Quincy Jones: Zum Tod des Alleskönners
Die Verwandlung: The Cure in den 80ern
Benefiz-Singles: Der Fluch der guten Tat
Trevor Horns Traumfabrik: ZTT Records
Kruder & Dorfmeister über Remix-Kunst
Spitfires, Sampler, Sensationen: 20 Platten, die den Sound der 80er definiert haben
2024 DIE ALBEN DES JAHRES & GROSSE VERLOSUNG!
HIFI-TESTS PLATTENSPIELER, VERSTÄRKER, PRE-AMPS

"Sammlung" by GS (9.12.24)

SAMMLUNG by GS
eclipse
DEUTSCH ROCK DER 80ER
SUPERTRAMP
MINT
NIRVANA
LIVE AT READING
Neil Young
EMIN3M
CURTAIN CALL
DIE 100 BESTEN LIVEALBEN ALLER ZEITEN
EDITH PIAF
The Album
70 BÜCHER SIND EIN BUCH
MEINE GESCHICHTE VON LEBENSMUSIK
Abschied in vier Versionen

Weitere Lyrics, Prosaen (z.B. Lebenssonne, Gleichzeitig, Königspinguin, Idylle etc), weitere Fotos (inkl 4 Fotobände), diverse Musik aller Art mit diversen Albumlisten, Momentums, Tagebuch, Lieblingsthema ZEIT, Erinnerungen, Erlebnisse etc etc in meinen insgesamt 73 ISBN-Bücher (plus diverse NO-isbn-Books, z.B. Das Eichhörnchen aus der Dimension).

OK, Running Gag in diesem Buch: nicht 3 1/2, nicht über 4, sondern ca 6 Stunden mit meiner Buchbearbeitung. Mit altmodischen RTF, nur Word Pad, "Tippmaschine" mit 14 Buchstaben ohne es sehen zu können, mein liebes PC-Türmchen - aber nur Windows 7 und lahm... Aber ich hab meine Liebe mit meinen 73 veröffentlichten Büchern mit Kreativität, Neugierde, Neufassungen (Pseudonyme, Romäbchen, kurze Kurzgeschichten etc), mit neuen Ideen. Nun, trotzdem, das war's! Jaa, ich weiß, Running Gag, wahrscheinlich hatte ich bestimmt 20 letzte Bücher... Durch meinen Lebensfortschritten, durch neue Tätigkeiten, und auch für den Überblick über meine Bücher, war's das! Ich kann ja per Social Networks weiterhin schreiben und Fotos machen, dies war's: that's all, Folks!

Gerd Steinkoenig, 5. Januar 2025 (Annweiler am Trifels)

WE WANT MORE... WE WANT MORE...

Wegen Chr FallenAngel Wa möchte ich diesen schönen Song zur Afterglow-Songliste aufnehmen: The Truth About Love von Pink! Ich hatte 2 Pink-CDs erworben, wollte es nach Wien shicken zu Chr, aber es ging nicht... Diamonds von Rihanna ist schon da (auch von der lieben Chr FallenAngel Wa (R.I.P. 2013).

Nochmal zu meiner Afterglow-Songliste! Manches ist doppelt, es ging viel mehr - nochmal richtig - zu meinen Songs mit Erinnerungen, Zeitoasen... 8 Beispiele von den Sex Pistols bis Chic bis Middle Of The Road... Mit West-Berlin 1982 bis Rockrevolution 1977 bis das Erste Mal 1979 bis zum ersten Casettenrecorder 1972...

Gerd Stein 6. Januar 2025

3 Std. ·

Elected von Alice Cooper! Mit geilem Videoclip (1972!!) über die US-Wahlen: und es ist immer noch so (besonders Trump!). Elected hatte 1972/1973 12(!) Wochen Nr 1 bei den BRAVO-Lesercharts!! Tja, das waren BRAVO-Zeiten: BRAVO-Ottos mit The Beatles, Credence Clearwater Revival, Sweet, T. Rex, Slade, David Cassidy, Suzi Quatro, Nena... In den BRAVO-Lesercharts waren dabei Radar Love (Golden Earing), Woman From Tokyo (Deep Purple), The Ocean (Led Zeppelin), This Flight Tonight (Nazareth)... Heute kannste BRAVO total vergessen (nur noch monatlich, nur noch Schrott).

#alicecooper " #elected " 1972

#alicecooper " #elected " 1972

#alicecooper #cooper #election #elected #rockstar #rock #hardrock #hardBassiste et Guitariste

In meiner Teenie-Zeit hatte ich ab XMas 1972 meinen Casettenrecorder. Und immer wieder aufgenommen mit dem Radio und dazu (ist ja klar ca 1972 bis 1976/77) über die 1960ern-Songs, Gerade dieser Song mit Sunny Afternoon mit dem Bass-Groove! Sunny Afternoon von den Kinks (1966) war dabei in meinem K-Tel-Sampler British Greats! Zig mal die Platte gespielt (plus The Who, Hollies, Mindbenders etc, alles aus den 60ern) - siehe dazu Klappentext BLOOD ON THE ROOFTOPS, mein erstes Buch 2017). Interessant auch über die Videos mit den Zeitgeistern, Moden etc.

The Kinks - Sunny Afternoon (1966)

The Kinks - Sunny Afternoon (1966)

This song always makes me think of summer afternoon's like today's and the many summers p

Middle of the Road mit Sacramento! Bei mir am Anfang Deutscher Schlager, dann kam Sally Carr von Middle of the Road! Schon 1971 waren sie dabei - aber Sacramento ist besser (ist ja schließlich Afterglow-Songliste...). Und ich als junger Jüngling war ich geil auf Sally, wo ich das Wort "geil" gar nicht kannte... Übrigens: der erste reale Mädchenschwarm war eine gewisse Grace O. (Schularbeitszirkel, ca 1971 oder 72).

Middle Of The Road - Sacramento (A Wonderful Town) (1972) HD 0815007

Middle Of The Road - Sacramento (A Wonderful Town) (1972) HD 0815007

Middle Of The Road - Sacramento (A Wonderful Town), ein Hit 1972. Audio-CD-Sound zu altem

Das MUSS dabei sein in meiner AFTERGLOW-Songliste!! Erstmals gehört ca 1976 in einer Pizzeria mit einer sehr coolen Musikbox und DIESER Song war dabei! PS: nix seelenlose Compuer-Uniformierungs-Mainstreammusik, sondern Vinyl-Singles und jedesmal neugierig was da steht...

Adriano Celentano - Prisencolinensinainciusol - Official New Video 2012 per il 40° Anniversario

YOUTUBE.COM

Adriano Celentano - Prisencolinensinainciusol - Official New Video 2012 per il 40° Anniversario

Der 5. Teil AFTERGLOW-Songliste mit Querverbindung Songs & Erinnerungen: Sense of Doubt von BOWIE! Der Video-Clip ist ein Zusammenschnitt mit dem Film Christiane F -Wir Kinder vom Bahnhof Zoo! Man sieht West-Berlin Anfang der 80er (das Buch aus den 70ern, der Film aus den 80ern). Damals wars einfach cool in West-Berlin zu sein für ein paar Tage oder Wochen als Urlaub. Ich hätte es machen können durch eine Berliner Freundin von meiner damaligen Kumpeline Chr. Ha. in West-Berlin zu sein! Ging leider nicht wegen Job (es ging um die Zeitoase). Ich ärgere mich heute noch, das ich die Mauer, der 80er-Flair, die damaligen geilen Clubs nicht sehen konnte! Mauerstadt Berlin, diese Momente zu sehen, genießen, leben, kann ich natürlich vergessen. West-Berlin 1982 und Berlin 2025 sind 2 Paralelluniversen mit 10000000 Lichtjahren Abstand.

David Bowie - Sense of Doubt

David Bowie - Sense of Doubt

Marvelous track by David Bowie with video made of movie "Wir Kinder vom Bahnhof Zoo".

Teil 6... Menschen vergessen... In diesem Buch ist diese Lyric schon dabei, aber nochmal: wenn ich bei Teil 5 West-Berlin anschaue mit Menschen und Häusern und Flair von 1982, eine andere Denke, andere Momentums, andere Musik, andere Jobs, andere Spießer, andere Jugendliche, wie nun 2025... Heute sind die Techno & Hip Hop-Jünglinge fassungslos, z.B. über den Punk-Nr1History-Song God Save The Queen (1977) von den Sex Pistols, dabei war dieser Song History, Revolution, Aufruhr, Spießer-Beschimpfungen etc, 2025 nur noch Schulter zucken (außer Punks & Musiknerds)...

Sex Pistols - God Save The Queen

Sex Pistols - God Save The Queen

Head to the Sex Pistols official store - https://SexPistols.lnk.to/ShopListen to more from the Se

Teil 7... Ich hatte 2 Alben von Patti Smith, hier im Video EASTER mit dem Song Because The Night (Komponist: Bruce Springsteen). Wieviel Leben hab ich?! Was früher war bei meinen Musik-Lebensoasen oder Leben-Musikoasen... Einiges ist immer da von Genesis, Pink Floyd, Beatles, Kate Bush, Neil Young und und... Einiges ist weg, obwohl ich in der Zeitoase voll dabei war, z.B. Patti Smith. Wenn ich es

wegen dem Post höre: ja ok, das Erkennen der Stimme und Melodie, aber
jedesmal... Nöö... Ich merke es wegen dem Youtube-Surfen... Andererseits hat man
aufeinmal Wiedererkennungswert über einen Song: Mensch, das hatte ich ja
tatsächlich vergessen... 1973 war Deutscher ZDF-Hitparade-Schlager (Bernd Clüver,
Jürgen Marcus, Juliane Werding...), Sweet, Slade, Suzi Quatro, Beatles, Deep Purple...
1976 mein Urknall zum Platten sammeln (die LPs von Genesis, Pink Floyd, Jethro
Tull...), Lieblingslieder für 3 Monate (auch bis heute), oder Lieblingslieder von Anfang
an für immer etc etc... Und heute? Wegwerfware Musik durch Streaming-Dienste!

Patti Smith Group - Because the Night (Official Audio)

YOUTUBE.COM

Patti Smith Group - Because the Night (Official Audio)

EasterBuy/Listen - https://LegacyRecordings.lnk.to/psg_e!btnAbout the
album:'Easter' is the third studio album by the Patti Smith Group. Released by Arista
R...

Teil 8... DER Song im Autoradio... I Want Your Love von Chic... Bundeswehr...
Backstew Daun... Eine Frau meinte, fahr mich heim... auf jeden Fall aufeinmal im
Wald... I Want Your Love... Das erste Mal... Ist ja mein letztes Buch mit dem Kapitel
AFTERGLOW-SONGLISTE mit Erinnerungen, also kann ich das ja schreiben, lach...
Übrigens: nicht nur wegen xxxxxx, dieser Übersong ist total gut!!

Chic - I Want Your Love (Live At The Budokan)

YOUTUBE.COM

Chic - I Want Your Love (Live At The Budokan)

Chic - Live In Japan At The BudokanI Want Your Lovesubtitles Subtitulos English
Spanish Ingles Español

----

18 Std. ·

Cher y Elton John, Rock Music Awards 1975

📷 Ulvis Alberts.

Der heimliche Buchstar des Autors Gerd Steinkoenig: moi Katzemäädsche Molly (R.I.P.
2021)! Bei einigen Büchern ist Molly dabei, mit Lyrics (auch in diesem Buch), Fotos und auch
bei diversen Titelbildern...

Molly und ich, KL 6. Januar 2011

Alle guten Dinge sind drei... That 's All, Folks!

Hey Hey My My The Rock n Roll Can Never Die (Neil Young 1979)

Gerd Steinkoenig, 6. Januar 2025 (Annweiler am Trifels)

Verlag: BoD · Books on Demand GmbH, In de Tarpen 42,
22848 Norderstedt, bod@bod.de
Druck: Libri Plureos GmbH, Friedensallee 273, 22763 Hamburg
ISBN: 978-3-7693-3920-8